JN411547

돌확의 추억

돌확의 추억

문두홍 제3 수필집

정은출판

작가의 말

새해의 출발은 입춘입니다. 봄이 오는 길목이죠.

겨울이 지나고, 시간이 흐르면서 기온의 변화와 함께 색채를 바꾸며 조금씩 우리 곁으로 다가오고 있습니다.

길을 가다 우연히 대문 양쪽에 입춘방 '입춘대길'과 '건양다경' 붙인 집을 볼 수 있지요. 한 해의 길운을 기원하고 경사를 바라는 마음을 담은 것입니다.

여태껏 살면서 지난 일을 돌이켜, 보고 듣고 마음으로 느낀 감회를 진솔한 마음으로 적었습니다. 사람마다 한 대상을 볼 때, 보는 이에 따라 달리 보입니다. 당연하겠죠. 보는 눈과 개성이 다르기 때문입니다.

목차 구성은 최근 일어나는 현상과 지난날 생활을 번갈아 가며 엮었습니다. 탕약에 감초가 따라야 은은한 맛과 향기를 내는 것처럼.

등산길에서 목마를 때 한 모금의 물을 마시면 갈증을 풀어줍니다. 내 몇 줄의 글이 읽는 이들의 목마름을 축여 줄 수 있었으면 하는 바람입니다. 과일은 농익을수록 맛과 향이 감미로운데 제 글을 그 경계에 닿지 못했습니다.

재능에는 한계가 있으나 노력에는 한계가 없다고 합니다. 기력이 쇠할 때까지 글에 매달리면 치매 예방에 도움이 된답니다.

적빈의 시대에 나고 자라 체험을 통해 얻은 삶의 지혜가 일상에서 도움이 될 때가 있습니다. 읽는 이에 따라 내 의도와 다르거나 생각이 같지 않을 수 있으리라 봅니다. 가슴 탁 터놓고 거리낌 없는 질정 바랍니다.

2020년 입춘
勤軒 문두홍

차례

3. 비밀번호

4. 삶이란 자기와의 분투

5. 마음의 잣대

6. 10월 단상

1.

5월의 향연

'3'이란 숫자

날마다 수없이 많은 숫자가 스쳐 간다. 숫자는 일상 속에 꽉 짜여 있어 우리 주변을 맴돌다 사라지곤 한다.

생활 속에 숫자가 없다면 어떻게 될까. 모든 것은 하나부터 천문학적 숫자로 이어 간다. 내일 일도 모르면서 누구나 끝점을 향해 달린다. 인간은 복잡한 것을 싫어하거나 하나면 되고, 아니면 외면할 때도 있다. 둘도 아니고 "예." "아니요."로 끝내야 직성이 풀리는 사람을 볼 수 있다. 빨리빨리 문화 속에 별거 아닌 것을 아옹다옹하며 마음의 상처를 주고, 한번 결정하면 그것으로 끝장을 보려 한다. 곧추 서 있는 1의 숫자가 우리 모습 아닌가.

3이란 숫자는 평범하면서도 우리에게 정겹게 다가온다. 삶의 기본인 용기와 희망, 인내, 도전 같은 바른길이 있음을 제시한다. 흔히 안되면 삼세번 해 보라거나, 맹모는 아들을 위해 세 번이나 이사

했다 한다. 심청이 공양미 삼백 석에 팔려가고, 은혜 갚는 까치도 머리로 종을 세 번 쳐서 보은했다지 않는가. 수염이 석 자라도 먹어야 살고, 중매 잘 서면 술 석 잔이다. 회식 때 늦게 참석하면 후래 3배라 잔을 권한다.

권투는 3분 지나면 1라운드이고, 야구도 스트라이크 세 번으로 아웃이다. 축구 시합도 한 선수가 한 경기에 세 꼴 넣으면 해트트릭이고, 올림픽 경기 때 종목에 따라 시상 순위는 금 은 동으로 나뉜다. 초등학교 운동회 달리기 때 3등 안에 들어야 상품을 받았다.

흔한 말로 삼 년 가뭄은 견뎌도 석 달 장마는 못 견딘다. 삼복 모두 가물면 왕가뭄이라 전해 온다. 특별한 경우가 아니면 하루 삼식이다. 가위바위보도 세 번, 노래도 세 박자면 즐겁다. 그뿐 아니다. 만세도 삼창, 가톨릭교회의 3위 일체, 불교계의 불·법·승은 3보다. 그리고 수행 때 오체투지 3보1배로 정진한다. 제사 때 3제관을 갖춘다.

3이란 숫자는 행운이 따른다고 한다. 운명의 신은 인간에게 세 번의 기회를 준다는 것이다. 기회는 자주 오지 않는다. 한 번 잡으면 이를 놓치지 말라 한다. 잘못도 세 번 이상이면 3진 아웃이고, 세 살 버릇 여든까지 간다거나 삼고초려는 사자성어로 쓴다.

삼세번은 상황 판단이 늦고 임기응변이 약하거나 성격이 급한 사람 아닐까. 씨름 경기도 삼세 판 이겨야 천하장사가 된다. 끈기와 관용과 배려의 숫자이기도 하다. 어떤 일이든 첫 번째는 실수할 수 있지만 반복할수록 익숙해 요령이 생긴다. 삼세번은 삶 속에 사양과 겸손을 베풀 기회다. 세 번 참으면 살인도 면할 수 있는 숫자다. 유교의 도덕을 실천하는 데 근본이나 기초를 이루는 덕목으로 삼강오륜은 윤리의 기본을 말한다. 삼강은 세 가지의 강령으로 일의 기본이 되는 큰 줄거리다.

글쓰기에도 삼단논법이 적용된다. 잘 쓰려는 욕심 버리면 글도 말하는 것처럼 자연스럽게 다가온다. 내 글에는 나의 모든 것이 녹아들어 있다. 추억거리, 불현듯 스친 생각 하나, 즐거운 상상, 고민거리, 실제 삶에서 느낀 것. 글은 가식적인 나를 벗어 던지고 참 나와 맞닥뜨리는 일이다. 내 존재감을 진실의 언어로 엮어내는 일련의 과정인 글쓰기가 내 존재 의미가 될 수 있도록 정진하고 싶다.

내게 3이란 숫자는 평생 잊을 수 없는 사연이 있다. 나를 키워 준 이는 할머니다. 젖꼭지를 떼면서 할머니 품에서 자랐으니 어머니나 마찬가지다. 바늘과 실이나 다름없이 치마끈을 놓지 않았다. 지난날엔 사람이 돌아가면 당연히 초상, 소기, 대기로 3년 상을 치르는 것이 관례였다. 아흔둘에 돌아가셨으니 장수했었다. 내가 스물두 살 군에 입대해 신병 훈련 받을 때 세상을 떴다. 친척들이 장손이지만 관보를 쳐도 보내주지 않으리라 생각해 포기했단다. 돌아가실 때 할머니 곁을 지키지 못했었다. 지난날의 추억과 함께 가슴 저미는 회한이 되살아난다.

신병훈련 마치고 포병학교 특수교육을 받을 때야 편지 받고 알았다. 허망했다. 돌아가신 일자를 적고 소기 때 휴가 받아 오라는 내용이었다. 부대 배치 받고 나서 휴가 가도록 했으나 사양해 할머니 소기에 맞춰 왔다. 상복이 만들어 있었고 그날 숙부님보다 상석에 서서 큰손자 역할을 했다. 문상객에게 감사하다는 얘기를 나눴다. 대기 때도 잊지 않고 왔다. 그때 눈이 많이 내려 멀리서 찾아오신 분들께 한편 죄송스러웠다.

할머니는 오랫동안 자리보전으로 고생했고 숙부님이 모셨다. 돌아가신 후 삼년상 치르느라 애쓰셨다. 어느새 육십여 년이 지나간다. 세월이 물 흐르듯 빠르다. 3은 행운의 숫자라 하나 내겐 아직도 마음의 상처로 남아 지워지지 않는다.

어느 날 할머니와 손잡고 고갯길 오르던 추억이 아련히 떠오른다. 그때가 그립다. (2019)

겉 나이와 속 나이

해마다 한 살 더 먹는다. 어릴 때는 참 더디게 가던 세월이 갈수록 가속도가 붙는다. 매일 과속하는 것 같다.

나이에는 겉 나이와 속 나이가 있고 겉 나이는 공짜로 얻는다. 그것은 시간만 지나면 저절로 따라온다. 뒷받침 없이 얻는 겉 나이는 한스러운 마음만 남긴다. 반면 속 나이는 노력이 따라야 한다. 그것은 스스로 부단한 분투와 자기성찰에서 얻는다. 따라서 속 나이는 영혼을 의미한다.

실제 나이보다 늙게 보이거나 젊게 보이는 사람이 있다. 늙게 보이는 사람을 겉늙은이라 하고, 젊게 보이면 나이 든 젊은이라 한다. 똑같은 나이에도 사람에 따라 십여 년 더 늙게 보이거나 더 젊어 보이기도 한다. 누구에게나 공평하게 주어진 세상이라지만 결코 공평하지 못한 것이 세상의 이치다.

농경시대 농촌에서 일에 찌들어 사는 사람 중에는 겉늙은이들이 많았다. 요즘은 살기가 넉넉하고 안정된 생활을 하면서 예전보다 젊게 보이는 노인들이 늘고 있다. 실제 나이보다 더 늙어 보이는 사람은, 그만큼 세파에 부대껴 순탄치 못한 삶을 살았다는 표시이기도 하다.

똑같이 타고난 세월. 어떤 사람은 삶이 고달파 빨리 겉 늙는가 하면, 생활이 여유로워 젊게 사는 행복한 사람도 있다. 때로는 같은 조건에서도 마음이 넓어 모든 어려움을 포용하고 슬기롭게 넘겨 젊게 사람을 본다. 조그만 일에도 신경질적이며, 매사를 부정적으로 보는 도량 좁은 사람은 쉽게 늙기 마련이다. 세상사 마음먹기에 따라 큰 차이가 난다.

처음 만나 인사를 나눌 때, 나이를 묻는 사람이 더러 있다. 나이를 알아야 자연스럽게 서로 얘기를 나누고 친밀한 관계를 유지할 수 있어서다. 연령을 물을 때 내 나이를 말하면 거짓말이라 한다. 남보다 몸집이 왜소하고 깡마른 체형이라 젊게 보이는 것 같다. 더구나 머리카락에 염색까지 했으니 그렇게 보였을 것이다.

나이는 숫자에 불과하다고 하지만 못 속인다. 나이를 아무리 속이려고 해도 행동의 이모저모에서 그 티가 날 수밖에 없다. 지난날 봄이면 과수원에서 삼나무 가지치기할 때 사다리를 타고 높은 곳까지 올라 일 했었다. 지금은 사다리 끝까지 오르기 전에 다리가 후들후들 떨려 어쩔 수 없이 포기하고 만다.

틈틈이 초저녁에 아내와 애향운동장 트랙을 따라 걷는다. 몇 년 전까지만 해도 젊은이와 나란히 걸었으나 요즘은 그들을 따라가기 바쁘다. 아내와 나는 조금 빠른 걸음으로 함께 걷는다. 여섯 번 돌면 삼십 분 걸린다.

겉 나이는 선택의 여지가 없다. 그러나 속 나이는 좀 다르다. 그들과 대화 하다 보면 금방 느낌이 온다. 고희에도 항상 신선한 언어로 젊게 보이는 희망적인 사람을 본다. 반면 분명 노인으로 보이지만 철없는 얘기를 하는 사람들. 그들은 상대방의 피곤함을 모른다. 시간이 아쉬울 때가 있다.

사람들은 새해 들어 건강을 챙기려고 여러 가지 계획을 세운다. 더구나 육체적인 건강 못지않게 정신적인 건강도 필수다. 오래 사는 것도 좋지만 어떻게 사느냐는 더 중요하다. 정신적인 건강을 유지하려면 마음가짐이 필요하다. 인내와 반성으로 배려하면서 책을 읽는 것이 마음공부다. 몸만 단련할 일이 아니다. 푼수 없는 어른이란 소리 듣지 않으려면 배워야 한다.

나이 들면 겸손하고 포용력을 가져야 어른처럼 보인다. 요즘 주변을 보면 나이 들수록 속이 좁고, 말은 많으나 행동은 굼뜬 사람을 본다. 자기 의견만 고집하고, 별것 아닌 것에 오해하거나 불평하는 사람들을 본다.

인생은 영혼의 성숙 과정이다. 사자는 태어나 여섯 달이면 제 노릇 하지만 사람은 오 년이 지나도 어린애다. 이순이 지나야 인생이란 어떤 것인가 깨닫게 된다고 한다. 그만큼 사람 되기가 힘들다는 뜻이다. 그래서 인간은 동물과 달리 영혼을 지니고 있다. 나이 들수록 숙성된 포도주처럼 향기를 풍겨야 존경 받는 어른이 될 수 있다.

향기 없는 어른이라면 나이를 잘못 먹었다. 나이 든다는 것은 육체적인 일에서 정신적인 일로 옮아가는 것을 의미한다. 나이 들수록 정신적인 건강을 챙겨야 한다. 그렇지 않고 건강을 게을리하면 자식이나 아내에게 주책으로 비치기 쉽다.

육체 연령인 겉 나이와 정신 연령인 속 나이가 같으면 얼마나 좋으랴. 겉 나이와 속 나이를 같게 하려면 정신과 육체의 노력이 따라야 한다. 겉 나이와 속 나이가 같은 사람은 행복하다. 속 나이보다 겉 나이가 젊으면 보기 좋다.

도량이 넓어 포용력 있고 매사에 긍정적이며, 사랑으로 베풀려는 사람은 겉 나이를 젊게 살아간다.

겉 나이와 속 나이를 비슷하게 살려고 노력하는 사람들이 있어 장래는 밝다. (2018)

두 바퀴 자전거

요즘 자전거 타는 사람들은 건강관리에 관심을 두는 듯하다. 정부에서도 고유가 시대 극복을 위한 자전거 타기 국민운동 캠페인을 전개하고 있다. 작게는 자신의 건강과 행복, 크게는 친환경 사회로 나아가는 길이다.

늦은 나이에 자전거 타기를 시작했다. 어느 정도 익숙해지자 시내를 벗어나 먼 거리로 떠나고 싶었다. 그 무렵 일주도로엔 별로 교통이 복잡하지 않아 차량 흐름이 좋았다. 농로는 이따금 비포장도로도 있었다.

어느 봄날 일요일 이른 아침 항파두리 항몽유적지 쪽으로 나섰다. 흐린 날씨였다. 자전거 안장 뒤에 펌프를 단단히 묶고 천천히 출발했다. 노형동을 지나 광령리 길로 들어섰다. 오르막과 내리막이 연속이다. 오르막길을 한참 오르다 힘에 부치면 내려서 끌고 간다. 고

개가 있으면 내리막이 있는 법, 내리막길을 달릴 땐 몇 년 묵은 체증이 뚫릴 만큼 가슴이 시원하고 상쾌하다. 머리가 맑아지고 힘이 솟구친다. 기분이 절정에 이른다.

구슬 같은 땀방울이 등허리와 가슴을 타고 계속 흘러내린다. 쌓인 노폐물이 빠지고 있음을 느낀다. 몇 분이 지났을까, 몸이 한층 가벼워지면서 일상에서 누적된 체증이 말끔히 씻겨 내리는 듯했다. 주변 풍광을 바라보며 자연의 아름다움 속으로 빨려 들어가는 느낌이다.

목적지에 이르러 목말라 양손으로 장수물을 벌컥 들이켰다. 시원한 물맛에 속이 후련하다. 그늘진 곳이라 풀잎엔 살짝 스쳐도 영롱한 이슬이 떨어질 듯하다. 산에 오르면 내려야 하듯 반환점을 돌았으니 원점으로 돌아가야 한다. 마음속에 쌓였던 회포를 내려놓았다. 한참 쉬고 난 뒤 페달을 밟으니 재충전된 힘이 살아났는지 훨씬 수월해 날 듯하다. 삶도 후반부 내려가는 길이 이렇게 편안한 느낌과 홀가분한 여정이었으면 하는 생각이 들었다. 다행히 올 때보다 조금 더 힘 있게 부는 싱그러운 바람이 등 뒤편에서 밀어 줘 동반자가 된다. 남에게 신뢰를 쌓고 인정받으면서 열심히 사는 사람들처럼 자전거는 내게 좋은 친구다. 시내에 들어서자 자전거 도로에 형형색색의 유니폼으로 치장한 자전거 마니아 모습이, 마치 빙상 경기장에서 빙판 위를 질주하는 날씬하고 멋있는 선수들 같아 보인다. 남녀노소 연령을 구별할 수 없을 정도로 모두가 같은 또래의 청춘으로 보였다. 남녀 혼성으로 줄지어 행진하듯 신나게 달리는 그들은 건강한 육체를 지녀 매사에 긍정적인 생활로 행복을 만드는 사람들이 아닐까 싶었다.

자전거 페달을 밟는다. 두 바퀴는 쉬지 않고 일정하게 돌면서 오직 전진만 있을 뿐, 후진은 용납하지 않는다. 멈추면 쓰러진다. 인생이란 끊임없이 앞으로 나갈 뿐 오늘이 다시 돌아오지 않는 것처럼. 인생은 두 바퀴가 필요하다. 수레의 양쪽 바퀴 중 하나만 고장 나도 굴러갈 수 없듯, 삶도 마찬가지다. 앞바퀴가 남편이면 뒷바퀴는 아내다. 제각기 자기 직분에 최선을 다해야만 목적지에 순조롭게 도달할 수 있다. 뒷바퀴는 욕심내고 앞바퀴를 추월하거나 넘보지도 않거니와 일정한 속도를 유지하며 나아간다. 그래서 양쪽 바퀴의 균형이 필요하다. 자전거 페달을 쉬지 않고 밟을 때 행복은 계속되며, 또 하나의 기쁨을 누리게 된다.

방심은 금물이다. 내리막길에서는 가속이 붙는다. 페달은 밟지 않아도 된다. 그러나 마음은 놓을 수 없다. 균형을 잡아야 하고 뜻하지 않은 상황에도 대비해야 한다. 등산이나 삶에서도 사고는 대부분 내리막길에서 일어난다. 고정관념이나 독선에 집착하다가 전복되는 어리석음을 범하지 말 것을 자전거는 알린다. 마찬가지로 삶의 균형을 유지하기 위해서는 항상 유연하고 섬세한 감수성을 지녀야 한다.

인생은 자전거 타기와 같다. 겸허하게 자신의 욕망을 억제하고 자연을 사랑하는 삶이 아름답다. 내가 저지른 잘못을 참회하고 속죄하는 뜻에서 자전거를 탈 때도 있다. 매연, 소음과 교통지옥으로부터 해방하려면 자전거 타기는 필수다. 자연을 보호하는 길이다. 편리와 편안함을 추구한다면 자신의 건강을 해치고 지구를 망칠 것이다. 살기 좋은 지구를 후손에게 물려주는 것이 우리의 몫이며 의무다.

자전거 바퀴를 열심히 굴려야 한다. 그렇지 않으면 우리의 인생은 쓰러지거나 고꾸라질지도 모른다. 힘들게 고갯길을 오르다 보면 내리막길이 펼쳐지듯 인생이란 고난과 축복의 한편 드라마다. 땀 흘리며 열심히 밟은 페달은 우리를 절대 배신하지 않는다. 뿌린 만큼 거둔다는 평범한 진리 속에서 오늘도 자전거 두 바퀴를 밟는다.

밟은 만큼 나아간다. (2017)

말전주

남의 허물을 신나게 전해 사람 사이를 이간질하는 것을 말전주라고 한다. 날이 갈수록 세상이 어지러워 간다.

말전주는 의도적으로 적개심과 분열을 조장하는 짓이다. 개인이나 집단을 남들과 소원해지도록 만드는 말을 일컫는다. 이런 말의 동기는 성내는 마음이 있거나 경쟁자의 성공이나 덕성을 미워하는 용심. 남을 헐뜯고 모욕하려는 의도가 그 뒤에 숨어 있을 것이다. 다른 까닭도 있을 수 있다. 남에게 상처를 입히려는 잔인한 의도, 환심을 사려는 비열한 욕구, 친구들의 틀어진 모습을 보는 걸 재미로 삼는 뒤틀린 마음씨가 아닐까 싶다.

1960년대 중반 무렵. 군에서 제대 후 집에서 뚜렷이 할 일이 없었다. 이장의 부탁으로 이서기로 마을의 소소한 일을 도왔다. 그 당시 아낙네들이 고생 많았다. 마을에 수도, 전기가 없었던 시절. 일찍 밭에 나가려고 새벽녘 1km쯤 되는 길 따라 바닷가로 나가 허벅으로 물을 져 날랐다. 바닷가 용천수는 요즘 삼다수 못지않게 맛이 좋았다. 초저녁 여름에 그들은 밭에서 돌아오기 바쁘게 허벅을 지고 땀 냄새 풍기는 갈옷과 텃밭 나물을 들고 바닷가로 나간다. 나물 씻고 목욕한 뒤 여유 있는 시간은 빨래할 때다. 말하지 않아도 될 얘기를 꺼내 말전주가 시작된다.

며칠 뒤 빨래터에서 얘기했던 말이 와전돼 싸우는 걸 봤다. "순이 엄마가 내 험담 얘길 했다."고 하더라. 상대방은 "내가 언제 그랬냐." 고 한다. 피해자는 증인을 내세우겠다며 으름장을 놓는다. 결국 앞 뒷집 아낙네는 서로 머리채를 붙잡고 육두문자를 쓰며 한바탕 싸움판을 벌였고 구경꾼들이 말리곤 했었다.

불문에서 수행자는 말전주를 피하라고 한다. 여기서 들은 말을 저기 가서 옮기거나 저기서 들은 말을 여기다 옮겨 불화를 만들지 말란다. 화합은 상대를 즐겁게 하고 기쁨을 나눈다. 말이란 사실과 다르게 잘못 전하는 경우가 허다하다. '말은 보태고 떡은 축난다.'는 얘기는 말은 퍼질수록 보태지고, 떡은 이 손 저 돌아가는 동안 줄어든다는 뜻이다. '말이 말을 만든다.' 역시 이 사람 저 사람 거치는 동안 그 내용이 과장되고 변한다는 말이다.

말에 대한 속담도 다양하다. 곰은 쓸개 때문에 죽고 사람은 혀 때문에 죽는다. 더구나 관에 들어가도 막말은 하지 마라. 했으니 말의 뜻을 새겨듣고 함부로 입을 놀리면 어려움을 당 할 수 있다는 뜻이 숨어있다. 인간이란 뜻하지 않은 불의의 사고로 재난을 겪거나 어려운 환경에 처할 수도 있다. 그래서 되는대로 말한다면 난처한 입장에 놓이게 된다. 지나간 과거의 잘못을 곱씹어 보았자 다 부질없는 짓이다

더구나 이간질하는 말의 내용이 거짓일 경우, 거짓말과 말전주 이 두 가지 잘못으로 인해 서로 간에 심각한 해악을 끼친다는 것이다. 경전에는 무고한 사람을 터무니없는 말로 헐뜯어 명예를 손상시키면 악도에 떨어지게 되는 사례들이 실려 있다.

말전주에 반대되는 얘기는 부처님께서 설設한 대로 친목과 화합을 증진하는 말이다. 이런 말은 자애와 연민, 즉 자비의 지혜에서 우러나오는 것이다. 따라서 남들의 신뢰와 애정을 사게 된다. 이 사람에게는 속마음을 털어놓아도 후에 그것을 악용해서 자기를 해코지하지 않으리라는 것을 느낌으로 알기 때문이다. 부처님의 말은 이 세상에 바르게 드러나 도움이 된다. 다음 생에 가서도 그 선업의 결과로 남들의 말전주에 놀아나지 않는 충실한 벗들을 얻게 된다는 것이다. 짧은 말에 많은 지혜가 감춰 있다. 인간은 입이 하나 귀가 둘이다. 이는 말하기보다 듣기를 두 배 더하라는 것. 남의 말을 좀 더 잘 듣고 필요 이상의 말을 하지 말라는 것 아닌가. 말만 하고 행동하지 않는다면 잡초로 가득 찬 정원이나 다름없다.

지적은 간단하게, 칭찬은 길게, 무시당하는 말은 바보도 알아듣는다. 앞에서 할 수 없는 말은 뒤에서도 하지 마라. 말이 입힌 상처는 칼이 입힌 상처보다 깊다. 농담이라고 다 용서되는 것은 아니다. 말은 입을 떠나면 책임이라는 추가 기다린다.

여태까지 살면서 내 눈의 들보는 안 보면서 남의 눈의 티만 보지 않았는지. 남의 허물을 덮어주기는커녕 들춰내 떠벌이지는 않았는지. 자신을 되돌아본다. (2019)

서열 문화

일정한 기준에 따라 순서대로 늘어서는 게 서열 아닌가.

문화는 자연 상태에서 벗어나 삶을 풍요롭고 편리하고 아름답게 만들어 가고자 사회 구성원에 의해 습득·공유·전달되는 행동양식이다. 높은 교양과 깊은 지식 또는 세련된 아름다움이나 우아함, 예술 풍의 요소 따위와 관계된 일체의 생활양식. 현대적 편리성을 갖춘 생활양식을 통틀어 일컫는다.

세상은 경쟁이 치열하다. 자신이 괜찮은 대학을 나왔다고 자부하지만, 실익이 없다면 생각해 볼 문제다. 사회도 학력이나 서열보다 능력이 승진의 기준으로 바뀌고 있는 추세다. 서울·연·고대 나왔다고 학자, 교수, 연구원이 되거나, 고시에 도전할 자신 있으면 엘리트 코스다. 그런 길로 나간다는 건 상위 몇 비율에 불과하고 대부분은 평범한 직장생활을 밟는 게 현실이다.

명문대 안 나와도 그들을 따라갈 수 있고 더 좋은 삶을 영위할 수 있는 길은 분명히 있을 것이다. 일류 대학에 목맬 게 아니라 차선을 볼 줄 아는 지혜가 필요하다는 생각이 든다. 대학의 우열을 논쟁하기보다 자신의 서열을 쌓는 게 현명하다. 이는 논쟁으로 이뤄지는 게 아니라 실력을 쌓는 게 순리다. 인생의 서열. 어디에 가치를 두고 정할 것인가. 우리는 어릴 때부터 서열에 익숙하다. 1등, 우등생, 직위, 선후배, 나이…. 뭐든 순서를 정해 우열을 가리는 연속이었다. 삶에서 어떤 조건이 내게 행복할까.

삶의 가치를 정하는 기준은 다양하다. 돈, 명예, 업적…. 인생의 가치서열을 헛된 것에 두고 바쁘게 살지만 진실로 얻는 것은 별로 없어 보인다. 늘 뺏고 뺏기며 때론 상처를 주고받으며 경쟁 속에서 마음의 생채기만 키워갈 뿐이다. 스스로 경각심을 가져야겠다는 생각이 들 때 가 있다.

인생의 가치를 행복에 우선순위를 둬 아등바등하거나 경쟁에서 이기기 위해 이기심으로 힘에 부치는 일을 해서는 안될 일이다. 부와 명예, 종교, 직업, 가족, 업적 같은 행복을 바라는 조건은 다양하다.

이 가운데 뭣이 마음의 행복인가를 분별해 목표를 삼는 것은 사람에 따라 다를 수 있다. 어떤 가치를 세우지 않고 사는 사람들은 항상 바쁘게 살지만 얻는 것은 별로 없는 것 같다. 자신이 왜 그렇게 바쁜지조차 모른다. 사회에서 유명한 위치에 있던 사람도 때로는 그 위치를 포기하고 가족에게 돌아가기도 한다. 일반 사람들은 이해할 수 없겠지만, 가치서열에서 부와 명예를 상위에 두지 않고 가족과의 행복을 우선하는 사람. 보는 이에 따라 다를 뿐이지 틀린 것은 아닐 것이다.

동물의 세계도 서열의 상하 관계가 있을까. 서열이란 우위에 있는 자가 아래에 있는 자를 억압하고 지배하는 것이 아니라 아래에 있는 자를 보호하고 책임진다. 사람과 동물의 관계도 마찬가지다. 사람이 동물보다 서열이 위에 있다고, 동물을 억압하고 행동에 제약하지 않는다. 지난날 농가에는 집집이 소를 길렀다. 소가 없으면 농사를 못 짓던 시절이 엊그제 같다. 송아지가 자라면 물푸레나무로 코뚜레를 코에 꿰어 그걸 잡고 쟁기질 훈련에 들어간다. 농부는 나무로 만든 도구에 커다란 돌멩이를 얹어 소에게 쟁기 끄는 연습을 시켰다. 어느 정도 숙달되면 쟁기를 끌고 밭이랑을 똑바로 가는지 점검해 본다. 멍에 쓴 소가 이리저리 날뛰어 여간 힘든 일이 아니었다.

가축은 서열이 위인 주인이 자기를 지켜주고 보호자로서 어떤 문제도 해결해 주기를 바란다. 동물의 무리에서 우두머리가 가장 스트레스를 많이 받고 수명이 짧다는 연구 결과가 나왔다. 반려동물을 사랑한다면 그들의 습성을 제대로 이해하고 인정해 주는 게 바른 길이다. 따라서 존중하고 최대한 배려하면서 함께 살아야 할 것 아닌가.

군에서 제대한 지 56년이 지났다. 훈련 받기 힘든 겨울 십일월 하순 입대했다. 육군 제2훈련소 12연대 12중대에 배속됐다. 백팔 명 가운데 중대장 연락병으로 지명 받았다. 훈련소 생활은 편했다. 중대장은 영외 거주로 일찍 퇴근해 저녁밥은 언제나 내 몫이었다. 남들보다 곱빼기로 먹었으니 넉넉하다. 군인은 언제나 선착순이다. 이따금 아침 운동장 청소 때 집합 구령이 떨어지면 항상 충청도 출신이 동작이 느려 꼴찌로 사역병은 그들 몫이었다.

군대는 계급사회다. 나이가 아니라 계급이 서열이다. 중요한 건 내 바로 위의 선임이 어떤 사람인지 중요하다. 늦은 나이에 입대했을 때 한참 동생쯤 되는 어린 사람이 육두문자를 쓰면서 무시할 때 인간 이하의 모욕을 받기도 한다. 장교도 계급 연한에 걸리면 빨리 군복을 벗는다. 철저한 계급 사회로 사령관 명령이 말단의 병사들에게 수직으로 잘 전달될 때 전쟁에서 이길 수 있다. 수직적 계급 구조는 당연하다. 난세가 영웅을 만들듯 국가가 어려울 때 찾는 것이 군대다. 군대는 전쟁을 대비하고 국가를 지키기 위한 상비 전력이다. 싸움 없는 기간이 오래면 자연 군대 조직에 대한 해이解弛가 형성될 수밖에 없다.

사회에서 첫 만남 역시 중요시하는 것이 나이다. 이는 전통적인 서열문화의 일부라고 할 수 있다. 하지만 태어나자마자 한 살이 되고 해가 지날 때마다 늘어난다. 아무런 노력 없이 얻는 게 나이 아닌가. 나이 계산법이 일상에서 많은 혼란을 겪는다. 12월 31일생은 태어난 뒤 24시간 안에 두 살이 된다. 법률상 '만 나이'와 '연 나이'를 사용하는 경우도 있어 혼란할 때도 있다.

서열을 우선시하는 문화. 찬물도 위아래가 있다는 명분으로 뿌리 깊은 서열 문화는 군이나 경찰 같은 제복을 입은 특수 집단에서는 반드시 지켜야할 규율이다.

나이와 존칭, 서열 문화의 위계질서는 쉽게 사라질 수 없을 것 같다. (2019)

아내의 빈자리

사람이나 물체가 차지하고 있는 일정한 넓이의 공간이나 장소를 자리라 한다.

아내의 호칭도 시대에 따라 변화하고 있다. 예전에 부르던 단어가 문화와 역사의 흐름 속에 달라지는 건 당연하다. 부부는 무촌이란 생각에 서로 예의를 지키지 않아도 된다고 생각하는 이들이 있는지도 모른다. 아내를 야, 어이, 이봐, 마누라라고 하거나, 요즘 젊은이들은 남편을 오빠, 아빠, 자기야로 부르기도 한다. 부부란 남편과 아내를 함께 가리키는 말 아닌가.

부부간 예의를 지키는 일은 서로 존중하는 호칭에서부터 시작된다. 상대를 얕보듯 얘기할 때, 듣는 이는 무시당하는 감정을 가질 수 있다. 가까울수록 금실 좋은 부부가 되려면 서로 공경하며 예의를 지키고 격에 맞는 호칭으로 부르는 게 기본이다. 친할수록 예의를 지켜야 화목하다.

아내와 함께한 지 반세기가 지났다. 시나브로 아내의 음식 솜씨에 무관심하다. 같이 지내면서 아내의 손맛에 투덜거린 적은 별로 없었다. 같은 재료라도 조리하는 사람에 따라 그 맛이 같지 않은 것은 각자 나름대로 비결이 다른 연유다. 날마다 상에 오르는 반찬이나 음식을 덥석덥석 받아먹기만 했지, 조리하고 맛내는 솜씨를 모를뿐더러 알려고도 하지 않는다.

과수원에 들어서면 소소한 일거리가 주인의 손을 기다린다. 꼭 해야 할 일은 아니다. 하나 마나 한 일들이다. 귤나무 위로 타고 오르는 넝쿨, 삭은 가지들이 대부분이다. 지난해 극조생 귤 일남일호 천여 평은 시월 하순부터 아내와 같이 비 오는 날 빼고 수확과 동시에 직거래로 처리했다. 올해는 10kg 상자를 사용했더니 운반이 수월하다. 십일 월 중순경 마무리할 수 있었다. 예년보다 수송 도중 별로 썩지 않아 불평하는 소비자가 없어 좋은 반응으로 무난히 처리할 수 있었다. 수입이 기대보다 쏠쏠하다.

흥진 일반조생 천여 평 처리가 문제다. 힘들지만 12월 초순부터 우리 내외가 처리했으면 어떻겠냐고 넌지시 물어봤다. 아내는 단번에 밭떼기 거래하자고 한다. 앞으로 계속 날씨가 좋으리라는 보장도 없고 당신의 나이도 있어 운반 중 뜻밖의 사고 우려도 있으니 안 된단다. 내 건강을 걱정하는 눈치다. 어쩔 수 없이 아내의 의견에 따르기로 마음 굳혔다. 밭떼기로 상인에게 넘겼다. 올해 말까지 따야 한다는 계약 조건을 붙였다. 워낙 감귤 시세가 좋지 않아 올 2월 8,

9일 이틀에 겨우 마쳤다.

2월 초입이다. 오늘 아침은 화창한 날씨다. 귤나무를 눈여겨 살피며 아내와 전지가위로 작은 가지를 자를 때였다. 느닷없이 스마트폰이 울린다. 딸의 전화다. 오래간만이네. 인사를 나누고 애들이랑 별일 없이 지내고 있는지 물어봤다. '예.' 하고는 엄마 좀 바꿔주세요, 한다. 무심코 아내에게 스마트폰을 넘겼다. 아내가 전화를 받고는 화들짝 놀라는 표정이다.

딸애가 오른쪽 팔이 부러졌다는 얘기다. 인천에 사는 딸은 오누이를 뒀다. 손자는 올해 유치원 과정을 끝내고 초등학교 입학할 시기다. 손녀는 다섯 살로 같은 유치원에 다닌다. 오전 열 시 경 아내는 서둘러 집에 가자고 성화다. 손주를 돌봐 달라는 부탁을 받은 모양이다. 요즘은 농한기라 밭에서 할 일은 별로 없다.

아내는 내가 먹을 밑반찬을 만들어놓고 다음날 아침 비행기로 떠났다. 아내가 들려준 대로 전기밥통에서 밥을 지으니 먹을 만하다. 아내는 혹여 내가 먼저 세상 떠난다면 음식 만들기를 배워야 좋지 않겠냐고 말한다. 내가 당신보다 앞서갈 것이니 걱정하지 말라고 너스레 떤다.

아내와 얼굴을 마주한 지 열흘 지났다. 요즘 밤늦게 돌아올 때 현관문을 열자 방안이 컴컴하고 휑하다. 만약 혼자 지낸다면 어떻게 대처해야 할까, 온갖 상념에 마음이 흔들린다. 아내는 건강한 편이다. 별로 아프다거나 불편을 느끼지 않은 표정이다. 어릴 때 자라면서 잔병치레가 많았다고 이따금 얘기한다.

아내 여섯 살 때 4·3사건이 일어났다. 아버지는 행방불명, 어느 날 Y지서에서 무장대 가족이라며 어머니와 네 살 남동생이 같은 날 끌려가 한 달여 갇혔었다. 날마다 외할머니는 먼 길을 아침저녁 사식을 날랐다. 어느 날 아침 외할머니가 새벽에 밥을 갖고 갔는데 감옥에 어머니와 동생 모두 없었다고 한다. 이른 아침 총살당했다는 소식이다. 다시 못 올 길을 떠났다. 고아다. 작은어머니와 외할머니 손에서 자랐다. 그래서 할 말만 하고 별로 수다를 떨지 않는 내성적인 성격이 돼 버렸을 것이다. 웬만하면 군소리하지 않는다.

애들 키울 때 새벽에 도시락 다섯 개를 준비했다. 고등학생이 두 명 점심 저녁, 중학생 하나였다. 돌이켜보면 그 시절이 행복하지 않았나 싶다. 겨를 없이 바쁜 나날이었다. 애들 학교 보내고 농장으로 달려가 감귤 묘목을 정성 들여 키웠다. 그 나무들이 올해 마흔 두 해다. 세월을 비껴갈 수 없듯 늙은 나무다.

신혼 때나 나이 들어도 마누라, 아내라고 하지 않았다. 큰아들 이름 "원섭 엄마"라고 부른다. 남편을 부를 때 가장 적절한 표현은 "여보"가 아닐까. 이제 황혼 길 코앞이다. 마누라는 마주 바라보고 눕는다고 해서 마누라라는 말이 생겼다는 우스갯소리도 전해 온다. 아내와 같은 방을 쓴다. 어쩌다 뜻하지 않은 사고가 일어날 수 있을지도 모른다는 아내의 의견에 공감이 간다.

아내 먼저 가지 않길 바라지만 누구도 내일 일은 모른다. 신이 준 시간, 거역할 수 없지 않은가. 혹여 장수한다면 먼저 졸혼하자고 거침없이 나올 듯하다. 너무 고생 많이 시켰으니 애걸복걸하지 않고 따라야지. '있을 때 잘해.'라는 유행가 소리가 귓전을 울린다. 마음은 있으나 실천이 그리 쉽지 않다.

언제쯤 올까. 아내의 빈자리 그 손맛이 그립다. (2019)

홀대 받는 한글

올해로 한글을 세상에 알린 지 572돌이다. 한글이 좋은 점은 쓰기 쉽고 글자는 예쁘다. 우리말을 사랑하는 마음으로 이른 새벽 마당 들어서는 대문 왼쪽에 태극기를 달았다. 나라의 기쁘고 즐거운 날로 법으로 정해진, 삼일절, 광복절, 개천절, 한글날은 국경일로 관공서와 학교는 공휴일로 쉬는 날이다. 집마다 국기를 달아야 한다.

기념일에는 추모, 다짐, 기념, 감사, 공경 같은 마음이 담겨 있다. 특별한 의식이나 행사를 치르게 된다. 경축일은 공휴일로 양력은 여드레, 음력은 사흘이다. 설날은 사흘, 한가위는 이틀 쉬지만, 석가탄신일은 하루다. 한 해에 공휴일은 열하루가 된다. 국가 기념일이 있다. 스승의 날 같은 날, 공휴일에 해당하지 않는다. 한 해 동안 마흔일곱 날이다.

세종대왕은 1443년 한글을 만들고 3년 후 이를 온 나라에 널리 알렸다. 해방 후 1949년 10월 1일 나라의 기쁨과 즐거움을 잊지 않기 위해 법률 제53호로 알린 날이다. 이때 삼일절, 제헌절, 광복절, 개천절이 국경일로 정해졌다.

그 뒤 한글날은 2005년 12월 8일 제256회 정기국회에서 '국경일에관한개정법률안'이 통과돼 2006년부터 국경일로 지정됐다.

한글날이 국경일이 되기까지 쉽지 않은 길이었다. 세종대왕이 백성을 가르치는 바른 소리라는 이름의 글자 한글이 국경일로 되었음은 당연하다. '역사를 잊은 민족에게 미래는 없다'는 단재 신채호 선생의 말이다. 최근 미래를 책임질 초·중등학생들은 국경일이 뭔지 모르고 쉬는 날로만 알고 있다니 부끄러운 일이다. 학교에서 역사교육을 제대로 하고 있는지….

1926년 11월 한글학회 전신인 조선어연구회에서 매년 음력 9월 29일 '가갸날'로 정해 행사를 거행했고 1928년에 '한글날'로 이름이 바뀌었다. 1932년과 그 이듬해는 양력 10월 29일에, 1934~45년에는 10월 28일에 행사를 했다. 1940년 발견된 '훈민정음' 해례본 말문에 적힌 날짜에 근거해 1945년부터 한글날을 10월 9일로 확정했다고 한다. 이날 세종문화상을 시상한다. 세종대왕의 영릉을 참배하고 전국에서 학술대회, 각종 백일장을 연다.

세계 속의 한글. 스물 넉 자 훌륭하고 뛰어나다. 이는 동·서양을 막론하고 온 세계가 인정하고 있다. 그 뛰어남에 대한 얘기는 끊이지 않고 있다.

소설《대지》의 작가 펄 벅은 "한글이 전 세계에서 가장 쉬운 글자이며 훌륭한 글자."라고 했었다. 그는 세종대왕을 한국의 레오나르도 다빈치라 극찬했다.

한국방송은 뉴스를 통해 몇 년 전 프랑스에서 세계 언어학자들이 한자리에 모이는 학술회의가 있었다. 안타깝게도 한국 학자들은 참가하지 못했으나 그 회의에서 '한국어를 세계 공통어로 쓰면 좋겠다.' 라는 토론이 있었다고 한다.

그들이 한글을 얘기하는 이유는 세계 속에서 배우기 쉽고 간결하며 과학적인 문자라는 데 있다. 그 예로 우리나라가 문맹률 낮음이 그 증거다. 미국에 널리 알려진 과학전문지 디스커버리 지가 '쓰기 적합함'이란 기사에서 "한국에서 쓰는 한글이 독창성 있고 기호 배합 같은 효율 면에서 특히 돋보이므로 세계에서 가장 합리적인 문자."이며 "한글이 간결하고 우수해 한국인의 문맹률이 세계에서 가장 낮다."고 극찬했다.

광고물에 문자 표시 방법을 규정한 옥외광고물등관리법시행령 제13조는 "광고물의 문자는 한글맞춤법 · 국어의 로마자표기법 · 외래어표기법에 맞춰 한글로 표시함을 원칙으로 하되, 외국문자로 표시할 경우는 특별한 사유가 없는 한 한글과 함께 적어야 한다."고 돼 있다. 그래서 종로 거리에 외국 회사인 버거킹은 영문과 한글을 함께 쓰고, 맥도날드는 한글로만 쓴 간판을 달고 있다. 그러나 국민은행은 영문 'KB'는 큼직하게 '국민은행'은 녹두 알 만하게 쓰고 있다.

오히려 외국회사는 법을 잘 지키고 한글을 즐겨 쓰는데, 한국 회사가 법과 제 나라 글자를 무시하고 있다. 법을 어긴 자들이 반성하고 부끄러워할 일인데, 오히려 재판부 판결에 동의할 수 없다며 억울하다니 말이 되는가. 그걸 눈감아주거나 편드는 언론은 그들도 법과 한글을 우습게 여기는 것 아닌가.

국보 70호인 훈민정음 해례본에 따르면 우리말을 담는 한글이 왜 과학적인 글자인지 자세히 알 수 있다. 자음의 경우 한글은 가획加劃의 원리를 덧붙인 것이다. 모음의 경우는 우주의 근본이 되는 하늘, 땅, 사람을 본떠서 기본 글자를 만들고 이를 조합한 것이다. 한글을 반포한 지 500년이 지난 지금 핸드폰이란 작은 공간에서 이런 원리로 모든 글자를 다 사용할 수 있다. 한글이 위대함을 칭찬하는 이유는 한글이 소리 말로 가장 정확하고 쉽게 적을 수 있는 글자다. 한글은 유네스코의 세계 문화유산으로 지정됐다.

세계화를 핑계로 한글보다 영어를 중요시하는 흐름이다. 민족사관학교와 국제중학교 같은 곳의 교육은 어느 순간부터 영어가 국어보다 우선시하고 있다. 대학들은 다퉈 영어 강의를 늘리겠다는 걸 자랑삼아 입시설명회를 발표한다. 한자가 당연시되었던 시대나 영어가 먼저라는 지금이나 무엇이 다른가. 한글에 대한 올바른 인식 없이 세계화를 외치는 모습은 반성해 볼 일이다.

한글학회 김승곤 회장은 우수한 언어인 국어가 영어보다 홀대 받는 현실을 지적했다. "영어를 잘해야 출세하는 나라가 우리나라다. 미국에서 박사학위 받아야 국회의원, 장관도 하지 않느냐."고 했다. "어릴 때부터 우리말을 제대로 배워 한국인의 정체성과 애국심을 배운 뒤 외국어 공부를 해도 늦지 않다."고 한글 사랑을 거듭 강조

했다.

영어교육 우선하는 정부. 한글에 대한 의식을 곱씹으며 남의 글자에 홀렸던 마음을 바로 잡는 데서부터 시작돼야 할 것이다. 국어교육이 먼저다.

홀대 받는 한글이 돼서는 안된다. 한글이 우리의 삶에 뿌리내려야 한다. (2018)

5월의 향연

5월의 바람은 싱그럽다.

올해 우리 밭엔 감귤나무마다 경쟁하듯 꽃이 덕지덕지 피었다. 지난해 해거리로 감귤이 달리지 않았던 까닭이다.

이따금 가던 길을 멈추고 뒤돌아본다. 굽이굽이 돌아온 굴곡진 길이 아스라이 펼쳐진다. 비바람에 휘둘리며 골짜기를 건너고 계곡을 넘었다. 잠시도 긴장을 늦추지 못했던 예측 불허의 길, 끊어질 듯 이어져 온 그 길은 내 삶의 궤적이다. 때로는 넘어지고 일어나며 앞만 보고 걸었다. 언젠가부터 주위를 보기 시작했다.

풀꽃도 숲도 보이고 물소리도 들리고 그 안에 깃들인 작은 생명도 눈에 들어온다. 숲을 쓰다듬고 지나는 바람 소리며 보이는 것 모두가 아름답다.

봄이면 개나리를 시작으로 목련, 벚꽃, 진달래꽃이 나란히 줄지으면서 때맞춰 꼬리를 문다. 숲속에선 새들이 그들만의 특유한 목소리로 향연을 펼친다. 그 화사함에 눈이 둥그레지고 향기에 코는 얼얼해 감당하기 어려울 지경에 이른다. 이는 내면에 보이지 않는 뿌리의 정성을 보여줌이다. 뿌리는 아름답다고 할 수 없다. 잎도 꽃도 없으니 열매도 맺지 못한다. 꿀벌이 꿀을 나르듯 땅속에서 묵묵히 물과 영양을 모아 줄기로 보낼 뿐이다. 마치 부모가 자식을 기르듯 외롭고 고달프지만 변함이 없다. 나는 보이지 않는 곳에서 시종 제 역할을 하는 뿌리와 같은 사람으로 살고 있는지.

오월의 신록이 주는 싱싱한 생동감이 마냥 달콤하다. 아까시나무 향기 머금은 바람결이 코끝에 스치는 이른 아침 햇살, 인간은 영겁의 세월 속에 태어나고 죽는 윤회의 굴레를 벗어나지 못한다. 청명한 하늘 아래 좁혀드는 시야, 산속에도 초여름이 상큼하게 다가온다. 철새 떠난 하늘 아래 공간이 허하다 싶더니 어느새 신록의 기운이 물 흐르듯 한다. 부드러운 초하의 냄새가 여울목에 진동하고 장단 맞추는 새소리도 한결 정겹다. 주마등처럼 스치고 지나갈 소중한 순간들. 지혜의 눈으로 담아내는 모습이 아름답다.

봄꽃은 아래서 위로 피어오르고, 가을 단풍은 위에서 아래로 내려오듯 자연이 연출하는 최고의 명화다. 핀 꽃은 지고 진 꽃은 열매 맺는다. 자연의 흐름이다. 초승달은 날이 갈수록 살이 붙고, 보름달은 시간이 흐를수록 사위어 가는 게 순리다. 낮이 가면 밤이 오듯 겨울이 오면 봄은 멀지 않다. 빛과 어둠, 흐림과 맑음이 맞물려 흐르는 게 인생이 아닌가. 오늘 맑다고 영원히 맑음도 아니고 오늘 흐림이 내일도 흐리라는 법은 없지 않은가.

힘들고 어려우면 보일 듯 말 듯 동산에 뜨는 초승달로 알고 오늘을 살아간다. 배부르고 등 따스하면 곧 사위어 갈 보름달처럼 고개 숙여 겸손할 따름이다.

오늘의 사회가 점점 각박해지는 것은 사람들이 자연의 언어를 듣지 못하고 있는 것은 아닐는지. 물소리를 언어로 듣지 못하면 물을 모르고, 숲의 소리를 언어로 듣지 못하면 숲의 세상을 모른다. 자연의 언어는커녕 사람의 언어를 알아듣지 못하는 것 같다. 들을 줄 안다면 인면수심의 범죄라는 말이 어찌 있을 수 있으랴.

오월은 신록의 계절이다. 우리의 눈을, 머리를, 가슴을 씻고, 구석구석 닦아 낸다. 마음의 모든 티끌까지도 씻어 낸다면 욕망과 고민, 번뇌와 고통이 사라지지 않을까.

인간의 기준은 똑같은 풀이라도 장소에 따라 들풀이 되고 잡초로 본다. 산이나 들에 있으면 들풀이요, 논이나 밭에 나면 이롭지 못한 잡초가 된다. 산야에 들풀이 푸르다. 있어야 할 자리에서 제 몫을 다하는 고마운 친구들이다. 약한 듯 강하고 죽은 듯 사는 들풀. 그러기에 백성을 일컬어 민초라 했던가.

나이는 숫자에 불과하다지만 연륜이 쌓인다는 것은 더 완숙해 가는 것 아니겠는가. 경험을 넓혀 지혜로운 삶을 추구하는 것은 소중하다. 살면서 물러설 줄 알고 때로는 멈출 수 있어야 함을 알게 한다. 베푸는 것도 좋지만 작은 것을 굳이 따지지 않는 것도 배려이자 덕이다.

백발에 이끼 낀 주름살을 좋아할 사람은 없다. 하지만 무수한 시간의 축적으로 혜안이 스며있다. 메주도 곰삭아야 장맛이 나고 떫은 감도 서리를 맞아야 단맛이 들듯이 나는 언제쯤 곰삭아 제 맛을 내고 서리를 몇 번이나 더 맞아야 단맛이 들까. 온갖 잡음에 부딪혀도 흔들림 없이 침묵의 미덕과 관조의 슬기가 엿보이는 사람이 곁에 있으면 얼마나 좋으랴.

오월은 가정의 달이다. 벌기보다 쓰기가 더 어려운 게 돈이요, 얻기보다 잃기 쉬운 게 명예다. 적어야 가볍고 많을수록 무겁다. 배낭은 무겁고 바랑은 가벼운 이치다. 이제부터라도 버릴 것은 버리고 줄 것은 줘야 할 때다. 시간의 퇴적층에 묻은 상처와 아픔을 겪은 자는 숙성된 시간의 가치도 그만큼 클 것이다. 시간이 존재의 피부 속으로 침투할 때 모든 존재는 제 윤곽을 허문다고 한다.

나는 사회에서 제 몫을 다하지 못하는, 있어선 안될 자리에 있는 잡초가 아닌지 자성해 본다.

오월의 향연은 봄의 종착역이자 여름의 시발점이다. (2018)

여행길에서 본 글귀

제주농협 퇴직동인회에서 격년제로 여행 희망자들과 함께 도 외로 떠났다.

올해는 시월 22일부터 24일까지 2박 3일 간 남해안 지역을 돌아보기로 일정을 잡아 참여했다. 동참 회원은 여성 포함 25명이다. 일행 중 선배 한 분이 89세다. 그는 젊은이와 같이 행동하며 올해가 마지막이라는 기분으로 참여했단다. 여행이란 설렘이고 가슴 뛰는 젊을 때 해야지 나이 들어 다리가 후들거리면 힘들어 불편하다. 함께 보고, 듣고, 먹는 삼박자가 맞아야 즐겁다. 집을 나서면 일상에서 벗어나 나를 놔주고 몸과 마음을 쉴 기회다. 남보다 한 발 앞서 가기보다 뒤따를 때 마음이 여유롭다. 천천히 걷다 걸음을 멈춰 길가에 피어난 작은 꽃 한 송이 허허로운 벌판의 허수아비를 본다. 숲속에 홀로 서서 멀리서 들려오는 새소리에 귀 기울인다. 일상에서 듣지 못했던 구슬픈 가락도 들린다. 높은 곳에 앉아 유유히 흐르는 강물을 보면 마음이 시원하다. 진정한 여행은 새로운 풍경을 보는 것이 아니라 새로운 눈을 갖는 것이라 했다. 돈이나 명예도 좋으나 삶에서 가장 중요한 건 사람과 따뜻한 인간관계다. 그걸 깨닫게 해 주는 것이 여행이다. 이렇듯 일상에서 당연하다 여겼던 일이 얼마나 고마운 것인지 새삼 느끼게 된다. 여행이란 지겨운 일상에서 벗어나 모든 일을 잊고 휴식을 즐기는 기회다. 그래도 크든 작든 맘 편히 발 뻗고 잘 수 있는 소중한 내 집, 돌아갈 곳이 있다는 게 얼마나 감사한 일인지 깨닫게 된다.

세상엔 많은 길이 있다. 곧은 길, 굽은 길, 산길, 들길, 둘레길, 올레길, 순례길, 산책길, 해안 길, 신작로, 포장도로, 국도, 고속도로, 우회길, 골목길, 녹슨 길, 모래 길, 자갈길, 오시는 길, 가시는 길, 하늘 길, 바닷길, 마중 길, 추억 길, 오르막길, 내리막길, 인생길…. 이 많은 길 중에서 걷기 어려운 길은 인생길 아닐까.

어느 아흔다섯 살 어른의 수기다. "나는 젊었을 때 정말 열심히 일했다. 65세 때 은퇴하고 30년 후 얼마나 후회했는지 모른다. 남은 인생은 덤이라는 생각으로 죽기만 기다렸다. 퇴직할 때 30년을 더 살 수 있다고 생각했다면 그렇게 살지 않았을 것이다. 시작하기 전에 늦었다고 생각했던 것이 큰 잘못이었다. 앞으로 10~20년을 더 살지 모른다. 지금 어학 공부를 시작하련다. 그때 왜 아무것도 시작하지 않았는지 후회하지 않기 위해서다." 글을 읽으며 가슴 뭉클했다. 퇴직한 지 20여 년 어떤 보람 있는 일을 남겼을까 자성해 본다.

휴게소 화장실 소변기 앞 벽체에 손바닥 만한 스티커가 붙어 있었다. 무심코 읽어봤다. 첫머리 큰 글자 '나. 지. 작'이다. 뒤통수를 얻어맞은 듯 아찔했다. '나부터 어떤 일이든 먼저 시작'해야겠다. 남에게 미루거나 해 주길 바란다면 진정한 삶이라고 할 수 있겠는가. 삶이 원하는 대로 되지 않는다고 슬퍼하거나 불평할 일은 아니다. 생각이 계획대로 척척 맞는다면 처음은 신날지 모르나 언젠가는 싫증 날 때도 있을 것이다. 내 탓이라 생각하면 마음 편하다. 흘러가는 구름처럼 어떻게 하면 될지 모르나 살 만한 세상 아닐까.

지금부터 시작이다. 늦었다고 할 때가 빠르다고 한다. 포기보다 그때 시작해도 늦지 않다는 뜻일 것이다. 세상은 혼자 사는 게 아니라 함께 사는 것. 남에게 해 끼치는 일, 욕심만 채우려 해서는 안될 일이다. 힘든 고개를 넘으면 평지가 있어 희망이 보인다. 바른 정신으로 삶을 꾸리는 것이다. 나는 누구이며 어떤 위치에 있는가를 생각해 본다.

작은 일부터 시작하는 일. 천리 길도 한걸음부터다. 과욕이 아닌 능력에 맞는 일에 정신을 쏟으련다. 서산에 해 갈무리되듯 곱게 물든 저녁노을처럼 내 인생의 노을도 저렇게 아름다워야 할 텐데…. 쉼 없이 달려온 인생길, 어둠이 깔리면 별들이 쏟아지고 으스름 달빛에 삶의 회한과 외로움. 생의 길목에서 만난 사람들과 긴 숨 내뿜으며 의기투합 걷다가 별빛 속으로 사라지는 것처럼. 이제 몇 남지 않은 그들과 인연의 연결고리 놓치지 않으려 한다. 생의 노을 속에서 마음 비워 배려하며, 은덕 베풀다 가라는 선인의 말씀이 마음에

닿는다.

반쯤 차 있는 잔을 보며 반만 있다는 사람과 아직도 반 남았다고 낙관하는 이를 볼 수 있다. 똑같은 삶의 환경에 놓여 있으면서도 행복한 사람이 있고 불행한 사람을 본다. 이 정도면 행복하다고 느낄 때 행복이고, 이것밖에 안되니 불행이라 생각하면 불행한 거다. 삶의 행복과 불행은 생각하기에 달렸다.

어제를 아쉬워하거나 내일을 염려하기보다 주어진 오늘에 매진하는 일이다. 어제가 있어 오늘이 있고 내일이 있다는 것은 좋은 일 아닌가. 하루를 무사히 지냈기에 즐겁고 내일이 올 것이란 희망 속에 가슴 벅차다.

여행길에서 우연히 얻은 좋은 글귀, 수필 한 편 읽는 것 못지않다.

삶이란 나부터, 지금부터, 작은 일부터 행동으로 바로 옮기는 일. 어떤 일이든 마음먹기에 따라 결과는 다르다. (2019)

2.

삶의 끈

동행

누구나 어머니의 뱃속에서부터 동행은 이뤄진다.

지난날 농촌의 임산부는 태아를 위한 태교는 생각지도 못했다. 태교에 관한 책이 없었던 때였다. 생활에 쪼들려 하루 세 끼 입에 풀칠하기 바빴다.

산모의 정서와 행동에 따라 태아의 심성이 형성되므로 태교는 중요하다. 스스로 행동거지를 조심하고 마음을 밝게 하며 매사에 긍정적으로 보려고 애쓴다. 태교는 세상에 첫발을 내딛기 전에 부모로부터 한 인간의 근본 성품이 가꾸어지는 중요한 시기다. 부모 될 사람은 먼저 훌륭한 성품과 역량을 가지려고 다짐한다.

앞으로 많은 동행이 기다린다. 그 속에 좋은 인연으로 기쁨을 맛볼 수 있다. 어떤 만남이 운명으로 바뀔지 모른다. 세월의 흐름 속에 엮어내는 만남이 삶을 살찌게 하는 자양분이 되거나 디딤돌로 이어질 경우도 일어난다.

몸과 마음의 동행. 억지로 안된다. 저절로 이뤄져야 한다. 인연으로 만나 남편과 아내가 되고 같은 방향으로 걷는다. 아무리 작고 사소한 만남이라도 삶에서 인연은 소중하다. 삶의 감동과 희열이 좋은 동행으로 이어진다. 큰 강을 이루려면 크고 작은 개울물이 만나야 하듯, 포용과 열린 따뜻한 가슴이어야 한다. 우연한 인연은 필연이 되어 용기와 희망을 심어 주는 활력소가 된다. 진실하고 정직한 만남이 아름다운 동행의 길이다.

혼자 살 수 있다고 착각할 때가 있다. 하지만 혼자보다 둘이, 둘보다는 셋이 좋은 것처럼 세상은 더불어 의지하며 살아야 정이 깊어진다. 힘들 때 옆에서 위안과 도움을 주는 사람이 얼마나 고마운지를 지나고 나야 깨닫는다. 오늘보다 내일이 더 나은 하루였으면 소망해 본다.

동행이란 몸과 마음이 같은 방향으로 가는 것이다. 부모 형제 부부 친구라도 서로 존중하는 동행은 삶에 윤활유가 된다. 존중 없는 출발은 중도에서 헤어지기 쉽다. 서로 인정하며 이해와 배려가 있어야 한다. 좋은 길이나 어렵고 힘든 길에서도 마음을 함께 나누는 사람이 진정한 동행자다.

영원한 짝으로 백 년을 갈 부부라 해도 서로 존중이 없다면 원망의 동행이 아닐까. (2016)

낳은 정 기른 정

고고성을 울리며 태어난 갓난아이. 생명의 탄생은 축복이다

지난날 어르신은 집안에 아들이 없으면 나이 들수록 마음이 불안했었던 것 같다. 1940년 무렵 집안에 대 이을 사람이 없어 먼 일가의 아들을 양자로 데려오는 걸 봤다.

증조부는 아들 5형제를 뒀다. 큰아들은 아들 없이 딸 하나다. 둘째는 대가 끊겼다. 셋째는 내 조부로 아들 둘을 뒀고 큰아들이 내 아버지다. 넷째는 결혼 전 양자로 떠났다. 다섯째는 딸 하나로 양자를 데려와 집안의 버팀목이 됐고 일찍 손주를 봤다.

5촌님은 큰아들로서 아들이 없어 양자를 데렸고 몇 달 뒤 장가를 보냈다. 해방되던 해였다. 신랑은 조랑말을, 신부는 가마 타고 결혼하던 모습이 아직도 눈에 선하다. 몇 년 뒤 4·3사건이 일어났다. 아들은 산으로 피신했으나 운명했고 며느리는 혼자 친정으로 떠났다. 그해 유복자를 얻어 반가워했고 잔치를 해야겠다며 기뻐하셨다.

작은아버지는 아버지보다 두 살 아래로 결혼 후 얼마 없어 첫아들

을 낳았다. 사촌형님은 나보다 열일곱 살 위다. 아버지 마흔넷에 딸만 넷. 일본에 살면서 자주 고향에 드나들었다. 아는 분의 소개로 생모는 어머니와 가까이 지내게 됐다. 몇 년 없어 1939년 정월 초에 내가 태어났다. 주위에선 경사 났다고 좋아했다는 얘기를 들었다. 동·식물은 흔적을 남기려는 본능이 있다. 부모와 자식과의 관계는 천륜이라 한다. 나를 낳고 돌이 지나 어머니는 친정으로 갔다고 한다.

특이한 철새가 있다. 뻐꾸기 산란기는 5월 하순부터 8월 상순이다. 이때 숙주 새의 둥지를 비운 틈을 타 그 속의 알 한두 개를 부리로 밀어내고 재빨리 자기 알을 낳는다. 뻐꾸기는 둥지를 틀지 않는다. 다른 새의 둥지에 알을 낳아 부화와 육추를 맡기는 탁란 새다. 뻐꾸기의 알은 다른 새의 알보다 먼저 부화한다. 어미 새는 자신의 새끼가 아닌 줄 모르고 열심히 먹이를 물어다 주고 키운다. 제 둥지에 있는 새끼를 받아들이는 건 어미의 본능이다.

뻐꾸기가 새끼를 남에게 맡겼다고 어미의 관심마저 사라지는 건 결코 아니라는 것. 틈만 나면 둥지 주변 나무 꼭대기에 앉아서 새끼가 남의 손에서 성장하는 과정을 지켜본다. 뻐꾹 뻐꾹 자신의 울음소리를 새끼에게 들려주고 이것은 생모가 누구인지 끊임없이 주입하는 과정이라고 한다. 이처럼 이 세상에 존재하는 모든 생물의 행위에는 다 그 이유가 있다. 모든 것을 인간의 기준으로 볼 일은 아니라는 생각이다.

나는 어머니 두 분과 할머니 덕분에 무탈하게 자랐다. 낳아 준 어머니와 길러 준 어머니. 어렸을 때 심한 갈등을 겪지 않았다. 첫돌 지나 할아버지는 칠월에 돌아가셨다. 주상인 아버지가 일본에서 왔고 가까운 친지들이 문상 오셨단다. 친족 한 분에게 "내가 이 세상에 온 보람은 요놈 하나밖에 없네."라는 얘기를 했다며 내가 중학교 다닐 때 들려주셨다. 지금 생각하면 아버지는 얼마나 아들을 기다렸을까. 내게 바라는 기대는 무엇인지 알 수 없다. 같이 지내지 않았으니 모습이 어렴풋하다. 해방된 다음해 정월 아버지 쉰둘에 20여명의 어르신이 목선타고 일본으로 떠났다. 한 사람이라도 소식이 있을법한데 끝내 기별이 오지 않았다. 무덤 없이 비석뿐이다. 이따금 아버지의 사진을 볼 때 둘째 아들 얼굴 모습과 비슷해 보인다.

다섯 살 무렵 아버지는 나를 일본에 데려가 키우겠다는 걸 할머니는 완강히 반대했다. 일본에 가면 안 된다며 내가 키우겠으니 걱정 말라던 얘길 들었다. 할머니 밑에서 자랐다. 대여섯 살 무렵 집안의 장손이라며 동네방네 자랑했고 무척 귀여워 해주셨던 기억이 또렷하다. 자랄 때 자주 일본에서 옷을 보내주셨던 기억이 어렴풋하다. 할머니 가는 곳마다 실과 바늘처럼 졸졸 따라 다녔다. 새벽녘이나 비 오는 날이면 나를 등에 업고 젖동냥을 다녔으니 할머니의 심정이 오죽 괴로웠을까. 응석을 많이 부렸다. 열 살 때 4·3사건이 일어났다. 그때까지 할머니와 살았다. 해변 마을로 이사 오면서 큰어머니와 살게 됐다.

2년 뒤 한국전쟁이 일어났다. 어려운 형편에도 제주 시내 중학교에 보내주셨다. 양식이 모자라 고등학교는 고향에서 애월상업고등학교에 다녔다. 스물둘 군에 입대해 삼 년 복무하고 제대했다. 할 일

없이 지내다 스물아홉에 농협 직원 4급 공채에 합격해 서른 해 근무했다. 응시 자격이 고등학교 이상 졸업자였다. 기른 정이 크다. 어머니의 덕분이었다.

아버지는 1931년 36세에 일본에서 고향에 다니러 왔다가 마을에 서당이 없다는 말을 듣고 대지垈地 559평을 기부채납 했다. 여태껏 마을에 표석이 없다. 요즘 향토지 발간 추진 중이다. 아버지의 흔적을 올바르게 기록으로 남기려고 편집위원에 동참하고 있다. 낳은 정보다 기른 정에 애착이 간다.

요즘 의붓어머니, 의붓아버지 문제가 심각하다. 어떤 경우에는 의붓어머니가 위험할 수 있지만, 절대적으로 의붓아버지에 의해 자행되는 폭력적이고 치명적인 폭행이 훨씬 크다.

사람마다 느낌은 제각각…. 내겐 어쩐지 낳은 정보다 기른 정에 무게가 실린다. (2019)

기대와 실망

지난 5월 23일 티브이 앞에 앉았다. 현대 정치에서 비교되는 두 인물이 재조명된다. 아버지의 후광 덕에 박근혜는 대통령까지 올랐다. 국정농단으로 탄핵당한 박근혜 전 대통령. 그리고 지지율 2%로 시작해 16대 대통령 당선이란 기적을 보인 가난한 농부의 아들 故 노무현 전 대통령. 두 전직 대통령은 국회로부터 탄핵을 받은 역사적 사실을 공유하고 있지만, 한 대통령은 국민의 손을 잡고 업무에 복귀했으나, 한 분은 국민의 손에 의해 역사의 단죄를 받았다.

헌법재판소가 파면을 선고한 지 두 달여가 지났다, 오늘 헌정사상 최초로 탄핵당한 박 전 대통령에 대한 첫 공판이 열렸다. 법원은 수의를 입고 법정에 앉은 박 씨의 모습을 언론에 공개한다고 전날 밝혔다. 이십여 년 전 사형과 무기징역형을 받은 전두환·노태우 씨가 법정으로 향하는 모습이 공중파를 타고 노출된 데 이어 전직 대통령 신분으로는 세 번째다. 동시에 노 전 대통령이 스스로 목숨을 거둔 지 여덟 번째 되는 날로, 경남 김해 봉하마을에서 추도식이 열렸다. 올해 노 전 대통령 추도식은 서거 이후 최대 규모였다.

지지자와 국민의 행보도 눈에 띈다. 탄핵정국 당시 수만 명의 행렬이 모였던 보수단체 집회는 새 정부 출범 이후 구심점을 잃고 급속한 이탈로 사실상 초라해졌다. 일부 박사모 회원들이 '박사모의 정신'으로 절박하게 '박근혜 무죄'를 외치고 있지만, 공허할 뿐이다. 박근혜 전 대통령을 지지했던 많은 유권자도 이미 국정농단에 등을 돌렸는지 실망이 크다.

박근혜는 취임식에서 "모든 국민이 함께 행복한 대한민국을 만드는 데 모든 것을 바치겠다."고 밝혔다. 하지만 정부 출범 이후 줄곧 소통 부재, 비밀주의 논란에 휩싸였다. 뜻은 좋았지만, 능력 부족이었다. 국가경영술의 미흡으로 제대로 실천되지 못했다. 그는 헌법상 권한 행사만 하면 된다고 생각한 듯하다. 지시만 하면 개혁은 자동으로 이뤄진다고 판단했는지도 모른다. 최순실의 비선 역할이 폭로되자 '들켰다.'는 당혹감에 사로잡혀 조직적 저항을 포기했다.

언론 보도는 오보와 왜곡이 많았다. 총선 전부터 박 대통령이 자초한 당내 분열이 결정적 순간에 그를 파멸로 몰고 간 것이다. 언론의 선동적 보도를 비판, 견제할 정치 세력이 사라지니 언론이 한 목소리를 내기 시작했다. 보수적 언론까지 한겨레와 비슷해지면서 좌파가 주도한 촛불 시위를 일제히 응원해 시위 군중 수를 과장 보도했다. 따라서 국회, 검찰, 특검이 가세해 박 대통령에 대한 인민재판식 졸속 탄핵 소추가 이뤄졌다. 탄핵 소추안 통과에는 보수적 언론의 폭로와 비박계의 이반이 결정적이었다. 보수 진영의 자중지란을 막지 못해 무력화됐다. 정치에선 바깥의 적 열 명보다 내부의 적 한 명이 더 위험하다고 한다. 정치는 피를 흘리지 않는 전쟁이고, 전쟁은 피를 흘리는 정치라고 모택동은 말했다.

세월호 사고도 언론의 과장 보도와 좌파의 정치 공세에서 대통령은 공황상태에 빠졌다. '국가적 진실'을 지키는 데 실패했다. 사고 책임의 한계를 분명히 하고 해경의 구조가 결코 실패작이 아니었음을 국민에게 설득해야 했었다. 박 대통령은 선동된 언론으로 왜곡된 정보에 따라 해경의 구조가 실패했다고 단정해 해경 해체라는 제도적 응징을 해결책으로 내놓았다. 이는 민간 선박의 침몰 책임을 국가와 대통령이 떠안게 되는 논리를 만들어 후퇴를 거듭했다.

지도자의 무능은 범죄라 했다. 박 대통령은 중요 사안에서 진실을 놓고 한 번도 맞서 싸우지 않았다. 2014년 유월 문창극 총리 내정자 논란 때도 그는 진실을 포기하고 선동 세력의 손을 들었다. 문 내정자의 일본 극복을 강조한 강연을 친일이라고 조작한 KBS의 선동 보도에 놀라 백기를 들고 총리 내정을 취소했다. 그는 언론과의 '전쟁'이란 표현도 했지만, 전쟁 준비도 하지 않고 맞서다가 당했다.

지도자의 가장 큰 부도덕은 무능이다. 선장이 무능하면 혼자 죽지 않는다. 대통령이 무능하면 나라가 넘어간다. 부패하면서 유능한 지도자와 청렴하면서 무능한 지도자 중 한 사람을 고르라면 전자를 선택할 수밖에 없을 것이다. 그의 무능으로 보수 세력은 조직 자체가 붕괴했다. 새누리당의 비 박계는 좌파와 손잡고, 좌파와 맞서온 대통령을 탄핵소추시켰다. 박근혜 정권의 조직 붕괴 근본 원인은 이념의 결핍이 아닐까 싶다.

박 대통령이 국가적 진실을 지키지 못해 국민들이 선동 세력의 농단에 넘어가도록 방치한 것은 그의 병적인 집무 방식과 관련이 있다. 매일 만나야 할 비서실장은 한 주에 한 번도 만나지 않거나 수시로 불러서 만나야 할 핵심 수석은 일 년에 한 번도 만나지 않고 장관과 국정원장까지도 거의 만나지 않았다. 중요한 정보는 얼굴을 마주 보고 말로 하는 것이 원칙이다. 대통령이 대면 보고를 자주 받았더라면 최순실 사태도 예방됐을 터다. 그는 새누리당에서도 자신에게 아첨하는 세력만 골라 소통하다가 앙심을 품은 비박계에 의해 이번에 보복 당했다. 야당이나 촛불 시위보다는 그가 방치한 새누리당의 분열이 그를 이 지경으로 만들었으니 자업자득이다.

애초에 위정자를 잘못 선택했으니 국민이 책임질 수밖에 없다. 기대와 실망은 선택자의 몫이 아닌가. (2017)

개명改名

사람은 누구나 이름을 갖고 산다. 세상에 태어나 처음 받는 선물은 이름이다. 평생 간직해야 할 소중한 보물 아닌가. 부모는 좋은 의미가 담긴 아름다운 글자로 이름을 지어 준다. 자식이 좀 더 행복하고 건강한 모습으로 바르게 살아가길 바란다. 혹여 이름값을 제대로 못하고 지낼지언정 이름은 생을 마친 후에도 오래도록 남는다.

내 이름은 아버지가 지어 주셨으리라 짐작한다. 친족 중에 나와 똑같은 이름을 가진 두 분이 있으나, 그들 역시 별로 개명에 관심 두지 않는 편이다. 호적부에 올린 이름을 집에서나 친구들이 부르고 있고, 모든 증명서에 사용하고 있기에 개명하려는 생각은 조금도 없다. 또한, 개명한다 해도 후속 조치가 여간 복잡한 게 아니다.

지난날 간혹 학교나 집안과 동네에서 부르는 이름이 다른 경우를 볼 수 있었다. 어째서 한 사람이 두 개의 이름을 가졌는지 어리둥절했다. 그때는 자식 낳으면 반타작도 어려웠다고 한다. 의료시설은 빈약했고 질병으로 네댓 살 키우기 힘들었던 시대였다. 그래서 실제 생년과 호적 나이가 두세 살 차이 나는 친구를 이따금 볼 수 있었다. 자식이 귀한 집안에서는 동네에서 이름을 천하게 불러야 장수한다며 개똥이라는 별명을 초등학교 졸업 때까지 달고 다니게 한 경우도 있었다.

자녀의 이름은 평소 잘 알고 지내는 분에게 부탁해 지었다. 아들이 결혼 후 한참 만에 첫 손녀가 태어났다. 아들은 손녀의 이름을 지어 주면 좋겠다고 한다. 망설였다. 친족의 항렬을 따르기도 그렇고 난감했다. 우선 부르기 편하고 듣기 좋은 글자를 골랐다. 그래야 기억하기 쉽고 좋은 인상을 남길 수 있을 것 같았다. 너무 흔한 이름은 피했다. 아이가 어른이 돼서도 부르기에 어색하지 않은 모든 연령대를 어우르는 글자를 골랐다. 이름 서너 개를 간추렸다. 아들과 며느리에게 건네며 고르도록 했더니 작명가와 상의해서 결정하면 되겠다고 아들이 먼저 말을 꺼냈다. 결국, 철학관에서 내가 고른 소정昭晶이가 쓸 만하다 해서 호적에 올렸다.

최근 들어 이름으로 인해 사회생활에 불편을 겪거나 마음고생을 하는 사람들의 개명신청이 급증하고 있다고 한다. 불편한 이름으로 생활에서 손해 볼 필요가 없다는 인식이 퍼지고 있는 데다 법원 허가도 대폭 완화됐다. 실제로 법원의 개명 허가는 큰 문제가 없는 한 대부분 허가해 주는 추세다.

개명 신청은 전과 사실이 없고 신용불량자가 아니거나 이전에 개명한 적이 없는 경우를 제외하고는 대부분 허가해 준다. 법원도 개명으로 발생하는 부분적인 혼란보다는 '개인의 행복추구권'을 중요하게 생각하고 있는 것으로 분석되고 있다. 개명 이유로는 돌림자와 일치하지 않거나 출생신고서의 착오를 정정하기 위한 경우가 대부분인 것으로 나타났다. 또는 성명철학에서 운세가 좋지 않다거나 주변에 같은 이름을 가진 사람이 있다는 이유로 개명을 신청하는 분도 있다고 한다.

노인들의 경우 일본식 이름을 한국식으로 고치거나 학생들은 순한글 이름을 한자 이름으로 바꾸려는 신청도 크게 느는 추세란다. 이밖에 발음이 어렵고, 옥편에 없는 한자, 희귀한 글자라는 이유로 개명을 신청하는 경우도 있다. 법원 관계자는 "이름에 대한 사회적 인식이 많이 바뀌었고 개명 절차가 과거와 같이 복잡하지 않아 최근 들어 개명 신청이 급증하고 있다."면서 "악용할 소지가 없는 한 이름을 고치고자 하면 이를 적극적으로 허용하는 추세."라고 말했다.

상당수의 사람은 이름 바꿀 생각을 한 번씩은 가지게 되지만, 부모가 지어 주셨고 그동안 자신을 나타냈기에 선불리 개명하는 데 주저한다. 이름이란 내 의지와 상관없이 지어졌으나 태어나 살아가는 데 수없이 불리며, 자신을 표시하는 하나의 기호다. 그만큼 이름의 중요성은 더욱 강조해도 지나치지 않다. 하지만 이름이 사회생활을 해 나가는 데 있어 적절치 않아 오히려 방해되거나, 자신감을 저하하는 부작용은 그리 많지 않을 터다.

사람이 이 세상에 살아가는 데 이름만큼 중요한 것도 없을 것이다. 한번 불리기 시작한 이름을 고친다는 것이 쉬운 일이 아니다. 문제가 되는 이름이 아니라면 굳이 개명하는 것은 바람직하지 않다.

자신의 의지 여하에 따라서 운명은 바뀔 수도 있기에 꼭 이름을 바꾸라고 할 수 없다. 개명한다고 모든 일이 잘되는 건 아니다. 이름을 바꾼다고 운명도 바뀌지 않는다. 성명학에서는 이름이 운명을 바꾼다고 하지만 과학적인 근거는 없다고 한다. 개명보다 중요한 운명의 동력은 자신의 의욕과 노력이 아닐까. (2017)

11월의 등짐

60여 년 전 지난날이 문득 떠오른다.

대부분 먹고살기 어려운 때였다. 집에서 농사짓는 밭으로 가는 길은 너무 멀었다. 4·3사건이 일어나 중산간 마을에 살던 사람들은 강제로 해변마을로 이주해야만 했다. 재건할 때 우리 가족은 고향으로 돌아가지 않았다. 더구나 아버지도 계시지 않아 의지할 만한 가까운 친족도 별로 없었다. 어머니는 해변마을에서 태어나 인근에 흉허물 없이 지내는 분들이 대부분이었다. 더구나 농사지을 때 밭갈이하려면 놉 빌리기 쉬웠다.

지난날 고향에서 경작하던 밭을 해변마을에 살면서 농사지었다. 11월 하순경, 너나없이 보리 파종이 한창 바쁠 때다. 일요일 가마니보다 작은 멱서리에 완숙된 거름 40kg 쯤 담아 등짐으로 날랐다. 밭과의 거리는 대략 편도 2km다. 같은 학교에 다니는 친구와 품앗이를 했다. 울퉁불퉁 비포장 길. 오르막이라 몇 고비 숨 가쁜 구간은 버티기 힘들었다. 길바닥은 돌멩이가 많아 살피며 걸었으나 돌부리에 채어 넘어지기도 한다. 등짐이 없으면 빨리 걸을 수 있을 텐데. 무거운 짐 지고 걷는 길은 고역이었다. 밭까지 가는 동안 등허리에 땀이 촉촉이 내린다. 밭에 도착하려면 중간에서 서너 번 쉬어야만 했다. 부지런히 다녀야 오전 네 번, 오후는 세 번쯤 다녔던 것 같다.

내려오는 길은 날을 듯 가뿐하다. 잰걸음이라 오를 때 보다 빠르다. 살기 위한 몸부림. 해가 뉘엿뉘엿 저물어야 손을 놓았다. 당연히 할 일이라 불평할 수 없었다. 한 해의 주식은 보리였으니까.

보리 파종은 거름이 필요했다. 거름을 넣지 않으면 보리가 잘 자라지 않는다. 퇴비 만들기는 돼지우리에 틈틈이 보릿대를 넣고 외양간 거름이 쌓이면 변소로 옮겼다. 그 일은 언제나 내 몫이었다. 10월쯤 변소 안의 퇴비를 삼태기에 담아 지게로 종일 올래길까지 날랐다. 거름을 차곡차곡 다지면서 둥그렇게 쌓았다. 빗물이 스며들지 않도록 이엉을 덮어야 끝이다. 일을 마치면 어머니는 수고했다며 칭찬해 줬고 저녁엔 오랜만에 바닷고기가 밥상에 오르고 온 식구가 맛있게 먹었던 일이 엊그제 같다.

고등학교는 집에서 서쪽으로 애월읍 마을까지 왕복 10km를 늘 걸어 다녔다. 너나없이 통학했으니 당연한 일이라 지루하지 않았다. 갑자기 소낙비가 내릴 땐 난감했었다. 우의를 준비하지 않았으니 방법이 없다. 어쩌다 큰 나무를 만나면 그 밑에 서서 비가 지나기를 기다렸다. 집으로 올 때는 옷이 젖어도 괜찮지만, 학교 가는 길에 옷이 젖으면 마치 물에 빠졌다 나온 생쥐 꼴로 학교에 도착했다. 수업

시간에 집중력이 떨어지고 빨리 옷 마르기를 기다렸다.

도보여행 해본 이는 누구나 짐 꾸리기에 신경 쓴다. 옛 어른 말이 떠오른다. "먼 길 떠날 땐 속눈썹도 뽑고 가라."고 했다. 몸을 가볍게 하라는 말이다. 무거운 배낭을 가볍게 생각해 짐작으로 길을 떠났다가 등짐의 무게에 힘겨울 때도 있다. 옛말의 깊은 뜻을 제대로 이해하지 못해 대가를 치른다. 털끝만 한 등짐 무게도 줄이라는 뜻이 함축 돼 있다. 여행의 성격이나 목적에 따라 다르다. 필요 없는 무거운 등짐은 허리를 상하게 하거나 발에 물집을 생기게 하고 걷는 동안 몸을 괴롭히곤 한다.

'등짐'이라면 언뜻 무거움을 느낀다. '버겁고 부담스러운 역할'을 비유해 상징적으로 풀기도 한다. 내 삶을 돌이켜 보면 그런 역할을 등짐처럼 많이 졌다. 일곱 살, 해방되기 전 초등학교에 입학 일본글을 배웠던 기억이 어렴풋하다. 열아홉 살 고등학교를 졸업했으니 가장 어린 나이다.

동창회 초·중·고교 모일 때 연소자는 자네밖에 없으니 총무와 연락병 역할을 맡으라고 이구동성으로 권한다. 하는 수 없이 그 역할을 감당해 왔고, 현재도 진행형이다. 그 역할을 두고 '등짐'을 지고 있다 한다. 나 역시 당연한 일로 받아들인다. 버겁다거나 부담스럽다고 생각한 적은 없다. 그런 역할을 할 수 있음이 즐겁다. 기쁜 마음으로 맡은 역할을 능동적으로 흔쾌히 한다. 때로는 그 역할로 인해 마음 상할 때도 없지 않다. 그래도 내가 진 '등짐'을 고맙다고 여기는 이들이 많아 보람을 느낀다. 조직을 해체할 때까지 등짐을 져야 할 것 같은 예감이 든다. 몇 년 새 몇몇 동창이 세상을 등졌다. 해마다 제 갈 길을 찾아 소리 없이 떠난다. 회원이 줄어든다. 중등 교장을 지낸 한 분이 올해 여든일곱이다. 걷기 힘들단다. 세상사 한 치 앞도 볼 수 없음을 새삼 느낀다.

문명의 발전으로 요즘은 농사짓기도 기계화되고 있다. 지금은 보리 파종하는 농가는 사라졌다. 그래도 지난날 멱서리에 거름을 등짐으로 운반했던 시절, 이따금 어려웠던 생활이 꿈만 같다. 추억의 한 토막이다.

우정의 등짐을 내려놓을 시기가 머지않은 듯하다.

만년 연락병 꼬리표를 놓는 날 시원하면서도 섭섭한 마음 내려놓으련다. (2020)

길 잃은 편지

햇볕 따스한 봄날 오후였다.

시내버스를 타려고 길을 나섰다. 버스 정차대 의자 위에 고무줄로 묶은 스무 통쯤 되는 편지가 있었다. 시간 여유도 있기에 자세히 살펴봤다. 대 봉투가 대여섯 통 제2회 전국 동시 조합장 선거 투표안내문선거공보였고, 나머지는 일반 편지였다. 받는 분의 이름을 손으로 쓴 글씨는 한 장도 보이지 않았다. 그런데 이상하다. 봉투마다 청색잉크로 고무도장이 찍혔다. 검정볼펜으로 주소 불명 안에 동그라미 표기다. 의도적으로 버린 봉투가 아닌가 싶었다. 근처 상점 주인에게 습득 과정을 얘기하고 집배원이 지날 때 전해 주도록 한 뒤 버스에 올랐다. 그들의 의무는 받는 분이 거절하거나 부재중일 때 이틀 지나면 발송인에게 돌려주게 돼 있다.

지난날이 떠오른다. 1950년 한국전쟁 때다. 초등학교 6학년 무렵 몇 달에 한 통씩 국군 장병에게 의무적으로 위문편지를 쓰도록 했었다. 우리 반에서 단체로 70여 통의 편지를 보냈으나 답장을 받아 본 학생은 별로 없었던 것으로 기억된다.

선생님이 시키는 대로 모든 학생이 썼었다. 위문편지를 쓸 때 제목이 "나라를 지켜주는 군인 아저씨."라고 시작했다, 초등학교 저학년은 열 살도 채 안 된 어린이다. 20대 초·중반인 군인을 아저씨라 해도 별로 이상하지 않았다. 우편료는 내지 않았던 것 같다. 전화가 없던 시절 모든 연락은 유일하게 편지에 의존할 수밖에 없었다, 휴전되면서 남자는 만 22세가 될 때 국방의무로 소집 영장통지를 받는다. 복무 중에 부모님이 별세하면 가장 빨리 알리는 방법은 관보였다. 나는 장손으로 할머니가 돌아가셨지만 한창 신병교육 받을 때였고 집에서 관보를 보내려 했으나 부모가 아니면 해당하지 않아 보낼 수 없었다고 했다.

두 분의 누나가 일본에 계셨다. 중학교 다닐 때였다. 누나가 쓴 편지는 청색 잉크에 만년필 글씨였다. 세로쓰기로 또박또박 써 내려간 한글 모양이 아름다웠다. 소포로 까만 만년필을 보내왔다. 뚜껑에 한자로 내 이름까지 새겨 있었다. 반 친구들이 부러워했던 표정이 엊그제 같다.

꽃을 시샘하는 바람이 어지간히 세찬 아침이다. 거리 청소를 하다 보면 길 잃은 편지 몇 통이 바람에 날려 바닥에 뒹굴고 있어 주소를 찾아 우편함에 넣는다. 우리 집 우체통에 인쇄된 편지 사이로 며느리가 쓴 손 편지가 눈길을 당긴다. 편지는 인류의 역사와 더불어 발

전했다. 바람 따라 흩날리는 편지, 보낸 이가 적혀 있고 소인이 찍혔으나 길거리에서 방황한다. 바람에 길을 묻는다. 가다가 지친 주인 잃은 편지 한 통은 나그네다. 어쩌다 길 잃은 철새처럼 방향을 잃고 헤매다 오가는 새들만 바라 볼뿐 이렇게 날개를 접고 있는가. 낯선 이름의 편지가 우편함에서 잠잔다. 주인을 찾아가야 할 소식이 길을 잃었다.

군대에 가면 편지와 전화가 가장 큰 의사소통 수단이었다. 군인에게 우체국과 전화국은 중요한 기관 중의 하나다. 군인 하면 떠오르는 건 편지다. 군사우편이란 게 있다. 장병 가족이 있는 분들은 군사우편 도장이 찍힌 편지 한 통쯤은 받아 봤을 것이다. 군사우편은 군사우편 법에 따라 생긴 특별법으로 군인들만 받는 혜택이다.

군인들은 입대 전에는 편지에 대한 개념이 별로 없었다. 군인이 되고서야 편지의 매력을 알게 된단다. 요즘 전화나 인터넷으로 소식을 주고받는다고 한다. 하지만 직접 손으로 쓴 편지를 받으면 괜히 가슴이 따뜻하다는 뉴스도 전해온다.

편지는 익숙한 단어다. 조선후기에 와서 '편지'라는 말을 쓰게 됐다는 것이다. 실제로 편지를 주고받는 사람은 이제 몇 명 되지 않는다. 스승의 날, 어버이 날 같은 특별한 행사가 있는 날 아니면, 편지는 거의 쓰지 않는다.

사회 단체기관 '사랑의 편지 보내기 실천 협회'의 자료에 의하면, 시대의 변화에 따라 핸드폰과 인터넷을 이용한 각종 메일 서비스들이 대부분이란다. 이제 종이편지는 점차 기억의 저편으로 사라져

가고 있는 추세라 했다. 하지만, 실시간으로 의사를 전달하는 이메일과 화상메시지 그리고 휴대폰 문자에 이르기까지 이제는 '디지털 편지 쓰기'가 새로운 문화 아이콘으로 자리 잡고 있다.

휴대폰이 일상에 자리 잡게 되면서, 문자 메시지가 편지의 역할을 대신한다. 종이 편지에 자신의 감정을 머뭇거리며 쓰는 과거와는 달리, 휴대폰 메시지는 짧은 문자로 상대방과 의사를 주고받을 수 있는 장점이 있다. 편지도 세월의 흐름에 따라 세대교체가 이뤄지고 있다.

편지는 손으로 써서 전달하므로 다른 방법에 비해 시간이 오래 걸린다. 하지만 오래 걸리는 만큼 생각을 많이 하면서 쓸 수 있기에 진솔한 감정이 표현된다. 정성과 따뜻한 마음을 담아내 사람의 마음을 움직일 수 있는 매력적인 수단이다. 종이 편지는 계속돼야 한다.

길 잃은 편지. 여태껏 살아온 내 삶이 아닌지. 뒤돌아보고 울기보다 앞을 바라보고 웃으라 한다. (2019)

돌확의 추억

새벽안개가 조용한 가운데 살포시 피어오릅니다.

초등학교 다닐 때였지요. 따스한 봄날 늦은 아침, 돌확 위에서 희미하게 수증기가 미풍을 타고 마당으로 살포시 퍼지는 걸 보았습니다. 담배 연기보다 미세해 눈여겨봐야 보입니다. 세숫대야에 양재기로 두어 번 물을 떠 넣었지요. 손을 담가 미지근한 물로 고양이 세수를 했던 지난날이 이따금 떠오르곤 합니다.

중산간 마을이라 생수는 없었고 마시거나 밥 짓는 물도 봉천수에 의존했지요. 집에서 우물까지 십여 분쯤 부지런히 걸어야 도착할 수 있는 거리입니다. 셋째 누나는 바지런해 불평 없이 날마다 물을 날랐습니다. 돌이켜보면 누나의 배려로 온 가족이 물 걱정 없이 지냈습니다.

제주는 돌·바람·여자가 많아 삼다도라 합니다. 더구나 돌을 가공하는 기술이 발달해 돌로 만든 생활 용구 중 그 대표적인 것이 돌방아 입니다. 현무암 석재를 가공해 받침대를 높게 정ㅜ으로 고르게 다듬은 바닥 면 가운데 방아 혹을 두었습니다. 주로 제주의 서쪽 마을에서 많이 사용했지요.

남방아는 큰 통나무를 자른 뒤 다시 세로로 자릅니다. 자른 면을 남방아의 윗면으로 하고 굽 달린 쟁반 형태의 원형으로 가공합니다. 굽이 되는 받침은 빗침 각으로 고정하고 곡식을 찧는 윗부분은 원형으로 내면을 고르게 홈을 파냅니다. 다시 홈의 가운데 둥그렇게 구멍을 낸 뒤 그 구멍에 돌확을 고정해 만든 방아입니다. 재료는 느티나무가 으뜸이죠. 조록나무 혹은 자배나무도 사용했다고 합니다. 사용방법은 돌확에 곡식을 넣고 절굿공이로 내려쳐 분쇄합니다.

제주의 방아가 큰 것은 지역에서 생산되는 곡물과 깊은 연관이 있다고 할 수 있지요. 제주는 원래 논농사보다 밭농사가 주류를 이뤄 밭 문화라고 할 수 있어 잡곡 생산이 많은 지역입니다.

단순히 껍질을 벗기는 벼의 탈곡과는 달리 잡곡의 경우 껍질을 벗기고 다시 가공해야 하는 번거로움이 있지요. 그래서 방아의 크기가 커지게 되었답니다.

최근 근대화 · 산업화의 과정을 거치며 대량생산하는 값싸고 편리한 생활 용구가 많이 나왔지요. 전통적인 목공예는 일상에서 점차 사라져가고 제작기술도 마찬가지입니다.

4 · 3사건으로 소개되면서 해변 마을로 이사하게 됐지요. 쓰던 남방아는 불타고 돌확은 무거워 못 가지고 왔습니다.

중학교 다닐 무렵 어머니는 큰맘 먹고 석공에게 부탁해 제주 산방산 돌로 묵중하게 돌확을 만들었습니다. 길가에서 마당까지 힘센 장정이 지게로 운반했습니다. 부엌 가까운 공간에 터를 잡았지요.

밤비가 내린 아침. 빗물 고인 돌확엔 하늘빛이 물든 하얀 뭉게구름이 자리를 틀어 몸을 적십니다. 하루의 일과를 마친 해님은 내일을 기약하며 보름달보다 큰 모습으로 바다 깊숙이 사라집니다.

돌확의 멋은 거칠고 진솔함에 있습니다. 손에 쥔 몽돌로 낱낱이 찧고 빻는 더딘 과정을 거쳐야 제 맛이 납니다. 기계가 모방할 수 없는 투박한 맛. 알싸하면서 시원한 열무김치 맛은 홍고추를 돌확에 짓이겨야 더욱 맛깔스럽지요. 더구나 들깨죽을 끓일 때 돌확에서 빻으면 고소한 향이 한층 더 진하게 퍼져 나옵니다. 정교함은 떨어질지 모르나 성글고 거칠어 재료 고유의 맛과 향이 남아 있습니다.

아무리 좋은 돌확도 혼자서는 별 소용이 없지요. 바늘과 실처럼 따라다니는 몽돌이 있어야 제 몫을 합니다. 돌확과 몽돌이 만나 티격태격 살점을 떼어내듯 끊임없이 부딪쳐야 깊은 맛이 나옵니다. 시간이 지날수록 드르륵 소리는 점점 순수해 가고 빡빡한 마찰이 리듬을 탑니다. 덮개마저 매끄러운 세월 앞에 돌확은 무엇이든 몸으로 화답합니다.

사람을 만나 인연을 맺고 사는 것은 어쩌면 돌확의 속성과 참 많이 닮았다는 생각이 듭니다. 마모되면서 서서히 부드러워지듯 사람의 관계 역시 서로 모난 목소리를 깎아 낸 후에야 화음을 이룰 수 있지요. 인생의 돌확에서 함께 운명을 만들어가는 부부를 생각해 봅니다. 부부로 산다는 것은 맞바람 부딪치는 것처럼 삶 속에서 서로의 아집을 조금씩 허무는 수행이 아닐까요. 제 목소리 더 크게 내는 젊은 날의 다툼이 늘그막 등 긁어 주는 소리로 가는 긴 여정, 부부는 따로 또 같이 인생의 맛을 버무려내는 인연이지요.

편할수록 지난날 정든 것은 점점 멀어만 갑니다. 눈비 걱정하지 않고 방안에서 버튼 하나면 해결되는 세상 아닙니까. 편리한 전자제품에 익숙해진 생활 형태는 돌확의 몫을 야금야금 빼앗아갑니다. 농촌 마을을 다니는 골동품 수집가들은 뒷방노인처럼 적적하게 세월을 나고 있는 돌확에 눈독을 들입니다. 가끔 도심 음식점 뜰에 잘 가꾼 조경용 돌확을 볼 때 정든 시골집을 떠나온 객지살이 신세 같은 마음이 듭니다.

사는 동안 한 사람을 오래도록 곁에 두는 것은 큰 행복이죠. 돌확처럼 묵은 정으로 근처에 살았던 노부부의 모습이 꿈만 같습니다. 노년의 소소한 정은 돌확과 몽돌이 짝을 이뤄 터뜨리는 들깨처럼 알콩달콩 살가워 보입니다.

늦가을, 들깨죽 끓일 때 돌확의 긴 침묵이 깨어납니다. 더구나 들깨를 돌확에서 으깰 때 고소한 향이 한층 더 진하게 터져 나옵니다. 정교함은 떨어질지 모르나 성글고 거칠어도 재료 고유의 맛과 향이 남아 있습니다.

나이 들수록 돌확의 추억이 엊그제 일처럼 그립습니다. (2020)

삶의 끈

끈의 종류는 다양하고 느낌은 천차만별이다.

누구나 어머니 뱃속에서 탯줄이라는 끈을 통해 영양분을 섭취하다 열 달이면 나온다. 아이는 울며 태어난다. 힘들게 나왔으니 자궁에서 쫓겨났다고 생각하면 울 수밖에 없을 것이다. 탯줄이 끊긴다.

아기에게 맨 처음 입힌 배냇저고리는 단추가 아닌 끈이다. 조심스럽게 목욕시키고 저고리의 끈을 살며시 묶는다. 느슨해서 풀리거나 너무 조여 매듭이 생기지 않도록 지극한 마음으로 포개듯이 여민다. 아기가 제멋대로 움직이고 뒤척여도 불편하지 않도록 그 끈은 부드러워야 한다. 보드레하고 온화한 끈이다.

아이는 자라면서 끈은 어깨의 멜빵이나 허리띠로 옮아간다. 헐렁한 바지 품을 늘어지지 않게 하거나 간단하면서도 편리하게 이용할 줄 안다. 처음엔 누군가 도와주지 않으면 풀고 채우지 못하지만 부대끼고 자라면서 혼자서도 너끈히 해낸다. 키와 무게에 따라 길이와 넓이가 늘어간다. 조금씩 조절하는 능력이 생기고 더 넓은 세상으로 나가기 위해 끈의 중요성을 익힌다.

아이의 끈은 점차 다양해 갈뿐 아니라 연결하거나 푸는 방법도 자기만의 방식을 찾는다. 선호와 기호를 알고 남의 끈을 볼 줄 아는 안목도 생긴다. 아울림과 조화에 대해서도 생각한다. 남자는 넥타이라는 끈에 밥줄을 매달고 여자는 목걸이와 액세서리에 눈이 쏠린다. 끈을 쉽게 매고 푸는 방법을 스스로 연구하거나, 자신의 끈이 괜찮다는 것을 보이려고 위장하거나 연출한다. 그러면서 끈은 복잡하고 불편하거나 거추장스럽다는 걸 알게 된다.

가늘고 긴 끈이나 억센 밧줄도 있다. 마라톤선수는 결승선에서 끈에 닿아야 우승자가 된다. 반면 아기가 태어나면 대문간에 왼새끼줄 끈에 고추와 숯을 매달아 이웃에 출생을 알린다.

허리띠부터 여자의 머리끈이나 옷고름, 속옷의 끈, 평생 보이지 않는 인연의 끈으로 매듭짓거나 풀어간다. 엉킨 실타래처럼 답답한 일상은 불쾌할 때도 있지만, 어디서 실마리가 툭 튀어나와 슬슬 풀릴 때는 쾌재를 부른다. 억지로 잘라버리고 싶은 끈도 어느 순간 막다른 골목에서 인연의 씨실이 될 때도 있다. 때로는 팽팽하면 잡아당기는 힘을 놓아야 하거나 너무 느슨할 때 끌어당겨야 할 순간도 있어 끈은 삶을 조절해 주기도 한다.

잘록한 여자의 허리끈이나 멋있는 버클을 한 남자의 허리띠에 눈길이 멈춘다. 빠르게 매듭을 풀기 위한 끈이 자신을 구속하거나 압력이 되기도 한다. 어른이 되면서 인생은 보이는 끈보다 보이지 않는 끈이 훨씬 많다는 것을 알아 간다.

스스로 지탱하고 유지하는 끈은 강한 것도 질긴 것도 아닌 끈끈한 사람의 정으로 이어진다는 걸 조금씩 깨닫는다. 우정, 사랑, 인연의 끈을 알고 놓아야 할 순간, 잡아야 할 타이밍에 서툰 젊은 날의 시행착오를 반성할 때도 있다. 억지로 되지 않는 끈을 잡고 오열하다 우연히 다가온 행운에 어쩔 줄 모른다.

부모와 자식과의 관계는 좋으나 싫으나 운명이란 인연의 끈을 놓지 못하는 게 우리네 삶이다. 사랑과 배려로 똘똘 뭉친 가족이란 이름이 있어 고래 심줄 보다 더 질긴 끈이 아닌가.

어떤 끈도 부질없고 자신을 사랑해 주는 가족과 고향의 품이 제일이라는 것을 알 때, 생의 끈을 더 오래 잡으려고 분투한다. 굵고 강하지 않아도 자신의 몸 하나만 제대로 지탱해 주는 간절한 끈을 바란다. 아무리 퍼 올려도 늘 빈 두레박이었던 젊은 시절의 모습을 우물물에 비춰볼 수 있는 나이가 될 때, 자신의 끈의 길이가 너무 짧았음을 깨닫는다. 최선인 줄 알고 매달렸던 삶의 끈도 세월의 쥐가 갉아대니 당할 수 없고, 시시포스의 형벌처럼 끈 없는 돌덩이를 평생 굴려야 하는 것이 우리네의 삶인지도 모른다.

아무리 좋은 모체에서도 탯줄을 끊고 나오지 않으면 세상 사람이 될 수 없듯이 모든 시작은 끊음으로써 새롭게 이뤄진다. 뜨겁고 치열했던 인생도 언젠가는 놓아야 한다. 끈은 붙잡기보다 잇는 것이 우리네 삶이다.

삶은 고행이라 했다. 인생길에서 "즐거움은 때때로 찾아오는 손님이지만, 괴로움은 무턱대고 우리에게 눌어붙는다."고 했다. 지나간 아무것도 미련을 두거나 집착하지 말 일이다.

세상은 시작도 끝도 없는 끈의 연속, 영원한 진행형일 뿐이다.

(2016)

소통하는 사회

농부는 농작물과 소통한다. 과수원에 귤나무를 심은 지 꽤 오래됐다.

창고에서 작업복을 입고 전지가위를 손에 들어 과수원 안으로 들어선다. 오래된 나무라 가느다란 삭은 가지가 눈에 띄어 가위로 잘라낸다. 그대로 두면 그곳에서 병충해가 번지고 전염되는 경우가 있다.

농부의 발소리를 들으며 농작물은 자란다고 한다. 나무마다 천천히 살핀다. 대화의 시간이다. 지나다 보면 잔가지나 잎사귀에 병해가 보이면 여지없이 솎아낸다. 잎이나 가지에 충해가 있을 때 적당한 날을 택해 농약을 살포해야 한다. 방제시기를 놓치면 그 피해는 감당하기 어렵다. 귤껍질에 생채기나 병충해 흔적이 있으면 아무리 맛이 좋거나 규격품도 가공용으로 처리한다. 수확해 봐야 가격은 일당 정도가 고작이다. 가공용이 나오지 않도록 때맞춰 농약을 살포하지만, 태풍이나 강풍에는 당해낼 재간이 없다. 비닐하우스가 아닌 노지재배의 서러움이다.

지금 사회는 서로 대화와 교류는 사라지고 소통 부재다. 대화 단절로 인한 사회적 갈등으로 치유할 수 없는 사회가 되지 않을는지 심히 우려된다. 가진 자들의 갑질 문화가 곳곳에서 발생하고 있다. 가진 것 없는 사람들을 비하하고 업신여기는 천박한 문화가 심심찮게 보도된다. 위정자들은 국민을 위한다고 입에 침이 마르도록 부르짖지만, 그 내면엔 정치적 이해득실을 적나라하게 보여 주고 있다.

더욱이 정치는 국민에게 외면 받은 지 오래다. 이제 기피의 대상이 아닌 혐오의 조직으로 인식될까 두렵다. 위정자들은 국민이 무엇을 바라고 있는지를 진정 모르는지. 국민은 안중에도 없고 자기가 속한 조직만을 위해 행동하고 움직이는 체계를 보면서 절망하게 되는 것이다.

조직이란 개개의 요소가 일정한 질서를 유지하면서 결합해 일체적인 것을 이루고 있는 형태다. 모든 사회현상에는 조직이 있다. 우리는 서로의 이익을 추구하고 공유하기 위해서 반드시 조직이 구성되어야 한다. 현대사회에서 작게는 친목 모임에서 회사, 노동조합, 지방자치단체 같은 수많은 조직이 구성돼 있다. 그 조직을 이끌려면 반드시 리더가 존재한다. 따라서 리더가 어떤 덕목을 갖추고 소통하느냐에 따라 조직의 성패가 좌우된다고 할 수 있다.

소통은 아무리 어려운 일이라도 귀와 마음을 열고 서로의 마음과 의견이 공유돼야 한다. 타인의 의견을 존중하고 받아들이는 데 인색해서는 곤란하다. 리더는 모든 것이 자신으로부터 시작되는 절대

권력을 가졌다고 할지라도 상대방의 의견을 존중하고 귀담아들을 줄 알아야 신뢰 받는다.

모든 신뢰는 소통에서 시작된다. 그래서 소통을 잘하는 리더는 상대방을 믿고 존중할 줄 안다. 자기의 생각과 철학이 옳다거나 한 사람의 얘기만을 듣고 믿는 편신偏信이 아니라, 다양한 의견과 충언을 들어 결정하고 조직을 이끌어 간다.

불통은 내 생각만 옳고 모든 것은 자신으로부터 시작되고 그것이 잘되면 자신의 탁월한 식견과 능력으로 이뤄진 것처럼 얘기한다. 하지만 실패하면 상대방을 원망하거나 남 탓으로 돌리는 경우를 볼 수 있다. 그 조직의 부하들은 리더십에 복종하는 척하지만 살아남기 위한 몸부림인 것을 모른다. 지식인들은 침묵하거나 아는 것을 모른 척하고 알려고도 하지 않는다. 말해 봐야 통하지 않으므로 얘기할 필요를 느끼지 않으리라. 그럴수록 조직은 복지부동이다. 모든 것을 결정권자가 지시하면 움직이는, 피동적인 조직이 되고 능률은 떨어진다. 결국, 경쟁에서 밀려나 끝내는 도태되고 만다. 조직원의 피동적 자세는 리더의 귀를 막고, 눈을 가리며 끝내는 판단을 흐리게 만든다. 엄청난 사회적 비용이 발생하고 그 피해는 고스란히 조직원이 감수해야 할 것 아닌가. 자고 일어나면 어제가 옛날이 되는 세상에서 이런 조직이 어떻게 살아남을 수 있겠는가.

지금 사회는 어떤가. 뭔가 막혀 뚫리지 않는 답답증을 호소하고 있는 듯하다. 사회는 양분돼 서로 마주보며 한 치도 굽히지 않으려 한다. 밀리면 죽는다는 생각인 것 같다. 아무리 소통을 호소해도 내가 하는 것은 모든 것이 옳다는 생각으로 남의 말을 들으려 하지 않는다. 소통은 일방적인 의사나 요구로만 이뤄지기 어렵다. 나보다 먼저 상대방을 이해할 때 시작된다.

초한대전楚漢大戰의 항우項羽는 강력한 군대와 훌륭한 신하를 가졌음에도 유방劉邦에게 천하를 내주고 말았다. 항우는 자신의 아집과 독선으로 신하의 충언을 듣지 않았고, 자기 생각과 계략이 옳다고 믿었다. 자신의 용맹함을 과신해 주변의 의견은 받아들이지 않는 독단獨斷의 리더였다.

그렇지만 유방은 미천한 신분의 출신으로 초라한 군사력으로 신하들의 의견을 묻고 경청했으며, 타협해 의견을 하나로 모아 항우를 물리치고 천하를 얻었다. 조직의 리더에 따라 성공과 실패의 역사를 배우게 된다.

진정한 리더는 다양한 의견을 귀담아 듣고 많은 소통을 거쳐 최선의 방법을 선택한다. 그 결과 공은 조직원에게, 과는 자신이 책임진다.

이런 미덕을 지닌 리더는 어디에 있을까. (2016)

3.

비밀번호

구두와 발

신발은 어느 한 사람의 선택을 받는 순간 그의 분신이 되어 함께 길을 간다.

새 신은 발에 익숙해질 때까지 시간이 필요하다. 얼마 동안 길들이기를 끝낸 신발은 그 사람의 신체 일부분인 듯 주인의 성격이나 걸음걸이를 닮아 간다.

가장 중요한 부분으로 혹사하면서 방치하는 곳은 바로 발이 아닌가. 홀대 받으며 많은 일을 하는 부위다. 몸을 지탱하고 움직일 수 있도록 하는 발의 역할은 중요하다. 오랜 시간 활동하고 피로가 누적되면 젖산이라는 이물질이 쌓이는 곳도 발이 가장 먼저라고 한다. 발바닥은 신체의 모든 부위와 연결돼 있지만, 신발 속에 묻혀 그늘 속에서 살아가는 답답한 삶의 연속이다. 눈에서 먼 쪽에 있으면서 몸의 지원은 늘 외면 받는 구석에서 묵묵히 일하고 있다.

모든 움직임의 시작은 발이다. 그러기에 발은 인간이 이동하는 데 기본적인 수단의 기초요, 아무리 먼 거리를 걸어도 불평하지 않는다.

얼마 전 새 구두를 샀다. 발이 아플 정도로 맞지 않았다. 다른 구두로 바꿀까 하다가 불편해도 감수하며 신고 다녔다. 구두에 대한 믿음이 숨어 있었기 때문이다. 구두도 신뢰를 저버리지 않았는지 발 모양에 맞게 스스로 늘려 줬다. 물론 발도 구두의 형태에 적응하는 노력을 기꺼이 따랐다. 지금은 처음부터 잘 맞는 구두처럼 별로 불편하지 않아 편하다.

그전에도 발에 맞지 않는 구두를 몇 번 신은 적이 있다. 그럴 때마다 발은 발대로, 구두는 구두대로 결국엔 내게 맞춰 주었다.

지난날 군대에서 딱딱한 군화를 신었을 때 내 발은 일방적으로 당하기만 했다. 도무지 신축성이 없는 군화였지만 용케 견뎌 주었다. 일그러지고 뭉개져 내 발은 제 모습을 잃고 말았다. 그래도 인내해 주었으니 발에 감사할 따름이다.

친구나 연인이나 신혼부부도 처음 만나면 서로 서먹서먹하다. 처음부터 잘 맞기는 어렵다. 더구나 부부는 평생을 같이할 동반자다. 서로 양보와 배려로 이해하다 보면 궁합이 잘 맞는 인연으로 이어지고 있음을 발견한다.

어두운 터널 속에서 자존심 상하면서도 견뎌준 발이 고맙다.

(2017)

노릇하며 살기

세상에서 노릇하며 살기란 쉬운 일이 아니다.

자식이 자식 노릇하고 부모가 부모 노릇하며 살아 살아가는 것이 당연한 이치다. 이 노릇을 괴로워하며 제 노릇 못하고 사는 것은 아닌지. 마음 비우지 못하는 과욕일 것이다. 노릇하며 사는 부모가 되거나, 자식 되는 것도 욕심이 지나치면 삶이 힘겹다.

부모가 부모다운 노릇하지 못할 때 그 가정의 질서는 공경과 존엄이 사라지고, 자식이 자식도리를 못할 때 억압과 강요는 믿음과 사랑을 밀어내고 불신의 씨앗이 자라게 된다. 노릇하며 산다는 것은 스스로 나답게 살아가는 것이다. 부모는 부모다워야 하고 자식은 자식다워야 하고, 아내는 아내다워야 하고 남편은 남편다워야 한다. 스승은 스승다워야 하고 학생은 학생다워야 당연하다. 스승이 스승다운 노릇 못할 때 존경과 감사는 사라지고, 학생이 학생답지 못할 때 자긍심과 배움의 길은 멀어지게 된다. 부모는 부모로서 자식은 자식으로서 위치와 본분을 지키며 사람답게 살아가는 것이 참된 삶이다.

지난해 봄 형수님이 암으로 세상을 뜨셨다. 향년 여든여섯이다. 육촌형님은 아들 셋을 뒀으나 모두 서울에서 생활한다. 딸 둘이 제주에 살고 있다. 아들 따라 서울에 가면 편하게 지낼 것 같았으나 독신으로 넓은 집에서 지냈다. 틈틈이 딸들이 밑반찬을 만들어 찾아뵈었으나 아무래도 형수님이 없으니 외롭고 적적한 생활을 했으리라는 짐작이다. 나 역시 바쁘다는 핑계로 자주 찾아뵙지 못했다.

형님은 평소 친족 집에 궂은일이 있으면 항상 앞장섰다. 더구나 부고를 받으면 불편한 몸으로 장례식장에 들러 먼저 장례 택일을 확인했다. 입관 후 성복제를 지낼 때 순서에 따라 진행하도록 앞장섰다. 저녁이면 장례지도사가 작성한 축문도 점검한 뒤 글자가 틀렸거나 빠졌으면 새로 쓰도록 하고 점검해야 직성이 풀리는 분이다. 형님은 하관 시간이 오시午時일 때 오전 11시로 정확히 상주와 친족에게 시간을 지키도록 알렸다. 봉분을 쌓은 뒤 제례가 끝날 때까지 제대로 진행하는지 확인한다. 친족들은 형님에게 문장門長이라고 존경했다. 가문의 어른 노릇을 철저히 지킨 분이다. 매사에 빈틈없이 생활했고 아는 것도 많아 우스갯소리도 구수해 마주 앉으면 시간 가는 줄 모른다.

지난해 섣달 어느 날 형님이 병원에 입원했다는 소식을 들었다. 집에서 갑자기 배가 몹시 아파 병원 응급실로 갔다. 진찰 결과 이상 없다고 했으나 계속 통증이 심했다. 하룻밤 지나 재검진 결과 맹장이 터졌으니 수술을 하라는 것이다. 딸이 수술동의서에 서명하고 수술에 들어갔다. 수술은 끝냈으나 마취 상태에서 깨어나지 못했다. 산소마스크 쓰고 근 열흘 이상 지났으나 회복되지 않았다.

어느 날 면회시간 형님의 손목을 만졌다. 손등과 발등이 예사롭지 않게 퉁퉁 부었다. 손가락으로 부은 곳을 조금 누르자 움푹 들어갔다.

한 달쯤 입원했으나 상태는 나아지지 않았다. 조카가 새벽 네 시 전화가 왔다. 형님이 돌아가셨다는 것이다. 아내와 택시를 타고 급히 병원으로 달렸다. 형님은 잠자는 듯 편한 모습으로 살포시 눈을 감아 있었다. 여든일곱에 마침표를 찍었다.

허무하다. 마음으로 아흔쯤 생존하길 기대했었다. 앞으로 집안의 큰일을 치를 때 어른 노릇할 분이 사라졌다. 그렇지 않아도 형님과 의논해서 언젠가는 부모님 묘를 조부모님 묘소 옆으로 이장할 계획이었다. 기대가 컸으니 실망도 크다.

나잇값 한다는 건 결국 사람값 한다는 말이다. 과연 나는 나이에 걸맞게 살고 있는지. 시간과 함께 흘러가는 달력의 나이를 따라갈 뿐이다. 고령화 사회가 되면서 공공보건 의료비의 많은 부분이 노인복지에 쓰인다. 보건의료 지출이 가장 큰 항목은 나이와 상관없이 질병이란다.

인생의 주도권은 자신에게 있는데도 원망과 불만이 쌓일 때가 있다. 때로는 실망하거나 자괴감에 사로잡히기도 한다. 상대방의 생각과 행동이 내 마음에 꼭 들 수 있겠는가. 서로 조금씩 양보할 수 있다면 얼마나 좋으랴.

앞으로 집안의 대사가 있을 때 어른 노릇 해야 할 위치에 놓였다. 도저히 형님처럼 할 수 없을 것이나 주어진 환경에 따라 서로 의논하며 원만히 진행할 생각이다.

어찌 보면 삶에서 최선을 다하는 성실한 마음이 노릇이고 도리가 아닐까 싶다. 노릇하기란 이렇듯 버거운 일이다.

아이들은 아프고 나면 그만큼 자라고 어른들은 아프고 나면 더욱 더 늙는다고 했다. 아플 때마다 늙고 병들어 어쩔 수 없는 사회가 아닌, 아프고 나면 더 건강하게 성장하는 어린이가 사는 세상이 됐으면 한다.

아직은 괜찮다고 생각하면서도 나이의 무게에 스스로 놀라는 시간이 낯설기만 하다. 거울이 일그러진 것은 분명 아닌데 거울 속의 나는 점점 왜소해지고 얼굴엔 주름살만 늘어 가는지….

새는 죽음이 임박할 때 그 울음소리가 슬프게 들리고, 사람은 임종 때 남기는 말은 진실이라 한다. 관 뚜껑을 닫은 후에야 사람의 가치가 평가된다.

사람 노릇하는 데 무슨 기교나 꾸밈이 필요하랴. (2018)

비밀번호

요즘 우리는 생활 속에서 수많은 비밀번호를 숨기며 살아간다.

자녀가 태어나면 출생일로부터 한 달 이내에 출생지 관할 읍·면 사무소 또는 동 주민센터에 출생신고를 해야 한다. 이 기간 내에 신고하지 않으면 오만 원 이하의 과태료가 부과된다. 출생신고를 마치면 바로 주민등록번호가 나온다. 국민식별번호 제도로 개인의 비밀번호나 다름없다. 출생과 동시에 비밀번호에 얽매인다. 이 제도는 1968년 11월 21일부터 시행됐다. 자신의 생활 보장과 편의를 위해 마련된 그 장치가 오히려 우리를 옥죄는 그물이 된다. 자유를 박탈당하는 듯한 느낌이 들기도 한다.

어느 날 은행 창구에 돈을 찾으러 갔다. 예금청구서에 찾을 금액을 적고 비밀번호가 떠오르지 않아 담당 직원에게 그대로 내밀었다. 찾아서 써달라고 했다. 직원은 비밀번호를 모르면 절대로 예금

인출이 안 된다고 한다. 기억나는 숫자를 말했지만, 아니란다. 난감하다. 통장과 신용카드의 비밀번호를 모두 수첩에 적어뒀지만, 집에 두고 오는 바람에 도무지 기억이 나지 않았다. 할 수 없이 집에 돌아와 번호를 확인한 후 돈을 찾을 수 있었다. 통장마다 비밀번호를 달리했으니 기억의 한계에 걸려든 것이다. 그 뒤로 현금카드를 발급 받아 자동코너에서 입·출금을 하게 됐다. 간편하고 시간도 절약돼 은행영업이 끝난 뒤에도 마음대로 거래할 수 있어 여유롭다.

이메일에서도 여섯 자리 이상으로 비밀번호 숫자를 적으라고 권유한다. 모두가 우리의 비밀을 확실히 보장해 주려는 친절의 소산이다. 비밀은 간직할수록 더욱 은밀하다.

비밀번호로 움직이는 시대다. 어디를 가든 좀 더 중요한 일을 보는 곳에는 비밀번호를 알고 있어야 통한다. 자기 집 현관문, 은행 통장, 신용카드도 이 번호가 없이는 일이 안 된다. 얼굴보다 비밀번호가 우선이고 기억나지 않으면 아무 일도 못 할 정도다. 어찌 이렇게 됐을까. 사람이 숫자에 따라 살아야 하는 세상이다.

사람보다 비밀번호가 우선 아닌가. 이를 필요로 하는 곳이 너무 많다. 기억력이 좋아야 한다. 그렇지 않으면 불편을 감수할 수밖에 없다. 이처럼 우리는 이 번호에 익숙해졌다. 언제나 겪는 일이라 이제 만성이 됐다. 비밀번호가 필요하다는 것은 사회가 그만큼 불안하고 믿을 수 없는 세상이 되었다는 방증이기도 하다. 그렇다고 혼자서 이것 없이 살 수도 없는 노릇이다. 이것이 없으면 왕따가 돼 살기 어렵다. 사람은 시대의 흐름에 순응하며 사는 것도 좋지만, 숫자로 신원이 확인되니 어딘지 씁쓸하다.

어떻게 남의 주민등록번호를 알아내는지 기가 막힌다. 은행이나 카드사에서 대출을 받아 가란다. 전화번호를 알려 주지 않았는데 전화가 오거나 문자를 보낸다. 무이자 할부로 은행 대출을 받으란다. 내 신상 정보가 남의 손에 넘어갔다는 증거다. 그보다 더한 것도 있다. 전화 한 번 잘못 받으면 바로 몇 십만 원 결제되고 자기 통장에서 빠나간다고 한다. 눈 감으면 코 베어 간다는 말이 떠오른다. 마치 지금의 사회를 두고 예언한 듯하다.

주민등록번호나 비밀번호가 없던 때는 그 사람의 얼굴이 신분증이었다. 은행에서 예금을 찾을 때 성명이나 생년 월 일로 확인하고 일을 보았다. 얼굴로 확인하던 시대가 신용은 더 좋았다. 사람의 정이 통하던 때였다. 상대의 품위나 얼굴을 보고 해야 할 일과 해서는 안 될 일을 가려냈다. 얼굴을 마주 보며 서로 믿고 살던 시대가 살맛 나는 세상이었다.

점점 왜소해 가는 인간성 앞에 우리의 정서도 메말라져 가는 듯하다. 옛날엔 비밀번호라는 게 없이도 잘 살지 않았느냐고 말하겠지만, 그때는 지금처럼 문명과 산업이 복잡하지 않았다. 비밀번호가 없던 시대는 모두 어렵고 환경이 열악했다.

기계문명이 발전할수록 그 기계에 의존하는 세태가 디지털치매를 양산한다는 말이 현실감 있게 들린다. 기계에 의해 구속당하고 비밀번호와 숨바꼭질하는 현실이다. 기계문명 속에 인성은 거칠어지는 건 아닐는지. 우리의 삶이 점점 각박하고 인간성이 상실되는 황량한 세상이다.

비밀 중의 비밀은 생명의 비밀이다. 신은 끝가지 궁금증을 숨긴 채 인간에게 풀어 보란다. 생명의 비밀번호는 영원히 침묵할지도 모른다, 비밀번호의 미덕은 노출되지 않는 데 있다. 무엇이든 적당한 거리와 감춤이 있어야 신선하듯.

사람의 지능은 한없이 발달한다. 비밀번호 탄생은 통제 수단이며 신상보호 장치다. 이제는 비밀번호도 믿지 못하는 시대의 흐름이다. 지문을 직접 입력하는 세상으로 변하고 있다.

하지만 좋으나 싫으나 비밀번호는 뗄 수 없는 연을 맺고 살아가는 현실이다. 거대한 산업화 물결 앞에 도태당하지 않고 살아나려면 함께 물결 속에서 헤엄치고 출렁거려야 한다. 고운 소리나 듣기 싫은 얘기도 장단 맞춰 가며 살아야 할 것 같다.

비밀번호 없이 살 수 있는 세상 언제쯤 올까. (2016)

불러도 대답 없는 이름

요즘 문명의 혜택을 톡톡히 누린다.

스마트폰 연락처에 불러도 대답 없는 이름이 열 한 명이다. 틈틈이 통화하는 분이 사백여 명 넘는다. 초등학교를 일곱 살에 입학해 고등학교는 열아홉에 졸업했다. 나보다 다섯 살 위도 있어 언제나 막내다. 졸업 후 한참 지나 일상이 정착되면서 동창친목회를 조직하자는 분위가 조성됐다. 목적은 친목 도모와 상부상조다. 발기인 모임이 있었다. 이구동성으로 너보다 어린 동창 누가 있나. "총무, 재무는 자네가 해야지." 당연한 얘기에 변명의 여지가 없었다. 가장 어린 까닭에 총무와 재무는 항상 내 몫이다. 전화 연락이 제대로 되지 않아 어려웠다. '만년 연락병'이다. 아마도 모임을 해체하거나 손 놓기 전에는 피할 수 없을 것 같다.

어간에 은사님도 초청해 지난날을 회상하며 추억을 나눴다. 나이

들면서 회원 간 애경사가 잦아졌다. 산수를 넘겼으니 세상을 등진 분도 있고 치매 증상이 나타나 거동이 불편해 참석자는 조직 당시 절반 정도다. 모임을 시작한 지 어느새 올해가 오십 년째다.

지난날 연락은 전화로 주고받았다. 지금은 단체별로 스마트폰에 입력해 한 번에 문자로 알릴 수 있어 빠르고 시간이 여유롭다. 요즘 들어 스마트폰 글씨가 잘 안 보인다고 한다. 시력이 떨어지는 건 당연하건만 받아들이지 않으려니 문제다. 나이 듦의 징조다. 피할 수 없으면 그러려니 받아들여야 한다. 스마트폰에 저장된 이름 중 세상을 등진 이는 거의 절반이 나보다 연령이 낮다. 그분들과 주고받던 얘기와 농담이 떠오를 땐 가슴이 뭉클하다.

언제나 존경했던 분, 여럿이 모일 때마다 덕담과 배려로 훈훈한 분위기를 자아냈다. 유머와 재치 있는 얘기로 재미있게 지루한 시간을 보냈던 동창들. 볼일 있을 때 이동 중 그의 승용차에서 농담 나누다 보면 목적지에 이르곤 했었다. 어느 도반은 사찰 순례 때 내 몸에 한쪽 팔을 기대 한 계단씩 딛고 흘리는 땀을 연신 훔치면서 오르던 추억, 그는 나와 여러 번 동행했던 일이 엊그제 같다.

이제 그들의 이름을 내려놔야겠다. 이미 세상을 등졌고 나도 언젠가는 뒤를 따를 것이다. 거역할 수 없는 순리다. 올 때는 차례가 있으나 갈 때는 순서 없이 혼자 떠나는 길. 무엇이 그리 급했는지, 젊은 손자도 다시 못 올 길을 앞장섰다.

백령도에서 떨어진 피격 현장 가까운 곳에서 열린 해상위령제 기사를 봤다. 용사들이 잠든 바다엔 진혼곡이 흐르고 유족들의 슬픔을 아는지 모르는지, 말이 없는 바다를 바라보며 유족들은 오열한다. 어머니의 그리움을 담은 하얀 국화꽃이 바다 위에 뿌려졌다. 여전히 그날의 슬픔과 고통에서 벗어나지 못하는 천안함. 46용사 유족들, 그들은 불러도 대답 없는 이름을 외쳤다.

관음사에서 제주 4·3사건 당시 억울하게 희생된 사람들의 넋을 기리는 위령제를 지낸다. 그때 관음사는 대립지역으로 인해 사찰 건물들이 일부 소실됐으나 1992년부터 위령제는 이어지고 있다. 단순한 차원을 넘어 위령 음악제와 함께 생방송으로 진행한다. 관음사 4·3문학상 공모와 예술제도 동시에 운영한다. 이는 끔찍한 학살의 아픔을 예술로 치유하고 승화시키는 중요성을 지니고 있다.

김소월의 시 〈초혼〉이 떠오른다.

산산이 부서진 이름이여
허공중에 헤어진 이름이여
불러도 주인 없는 이름이여
부르다가 내가 죽을 이름이여
(중략)

소월은 1934년 서른세 살의 젊은 나이에 짧고 외로웠던 인생을 마감했다.

누구도 막을 수 없는 숙명의 길이다. 이제 스마트폰에 올리는 이름은 없을 것이다. 하나씩 지워갈 때마다 지난날 추억이 켜켜이 쌓여 갈 것이다. 어차피 말없이 떠난 분들께 고사(?)도 못 지내 죄송하다. 명복을 빈다. 해마다 불러도 대답 없는 이름이 늘어갈 텐데….

어디로 가야 하나 ! 구름 같은 내 인생. (2019)

수몰의 아픈 역사 저수지

1960년대만 해도 제주에는 쌀이 귀했다.

농장으로 가는 도로변 밭에 밭벼를 심은 곳이 있다. 올해 초여름에 싱싱하게 자라는 모습이 보기 좋았다. 농부는 알곡을 거둬들일 꿈에 부풀었으리라. 한창 무더위가 심할 때 비가 오지 않아 이삭이 팰 무렵 그대로 하얗게 말라 버렸다.

농사는 자연이 짓는다고 한다. 농부가 아무리 발버둥 쳐도 자연엔 당해낼 재간이 없다.

우리 집도 자그마한 천수답이 한 필지 있었다. 맹지였다. 집에서 이십여 분 걸으면 도착할 수 있는 곳이다. 봄 가뭄이 심할 때면 모를 키워 놓고도 물이 없어 모내기를 못 하는 경우도 있었다. 또한, 모를 적기에 심어 잘 자랐으나 팔월 초 이삭이 팰 무렵이면 몇 년에 한 번쯤 가을 가뭄이 심해 그대로 말라 버리기 일쑤였다.

그 후 천수답은 오염되면서 모두 논농사를 짓지 않아 잡초만 무성했다. 그 무렵 직장이 생기면서 제주 시내로 주소를 옮겼다. 몇 년 뒤 인접 천수답 주인이 객토하면서 밭으로 만들고 있었다. 우리 논은 작은 면적이라 맹지여서 어쩔 방법이 없었다. 인접 논 주인이 팔아달라기에 할 수 없이 헐값에 팔았다.

자유당 시절이었다. 인근 마을에 저수지가 생긴다는 소문이 나돌았다. 그 마을은 애월읍 수산리 하동이다. 수산봉 동남쪽에 있는 수산저수지는 벼농사를 위해 1959년 3월에 착공해 1960년 12월 12일에 준공됐다. 4·3사건과 한국전쟁의 기억이 다 가시기 전인 1958년, 이곳에서 살던 주민들은 정부의 이주정책에 따라 지금의 제주시 애월읍 구엄리 모감동, 하귀2리 번대동으로 이주했다. 수산저수지가 있는 자리에는 70여 가구가 살고 있었다. 이곳 마을 노인들은 당시 저수지 안에 있던 올래, 집, 골목길을 생생하게 기억하고 있다. 수산 저수지는 제주지역에서 유일하게 수몰의 역사를 가진 곳이다. 면적은 삼만여 평으로 용수저수지 다음 도내에서 두 번째 넓다.

당시 저수지 공사는 동방공영회사가 주관해서 진행했다. 저수지는 순수한 사람의 손으로 이뤄놓은 유일한 곳이다. 그때 성인 기준 일당은 남자는 칠백 환, 여자는 사백 환이었다. 석공은 별도로 노임을 더 주는 것 같았다. 농촌엔 일거리도 없을 뿐 아니라 돈 나올 곳이 없었다. 인근 마을 사람들이 일터로 몰려들었다. 현금을 받을 수 있는 유일한 기회였다.

여름엔 아침 일곱 시부터 저녁 여섯 시까지, 겨울엔 일곱 시부터

다섯 시까지 일을 시켰다. 늦게 도착하면 돌아가도록 했기에 지각하는 사람은 별로 없었다. 공사는 비 오는 날 빼고는 쉬는 날 없이 계속 진행했다. 진눈깨비가 내리는 날은 허허벌판이라 귀가 몹시 차가웠다.

도시락은 각자 갖고 다녔다. 겨울철엔 도시락이 차가워 먹기에 불편했다. 그래도 젊은 시절이라 배가 고프니 맛이 좋을 수밖에. 어떤 날은 양은도시락을 잉걸불 얹었다가 꺼내 먹을 때는 가슴까지 따뜻했다.

남자들은 곡괭이로 흙을 파고, 삽으로 여자의 등허리에 짊어진 바지게에 보통 다섯 삽을 담아 주면 일정한 장소로 날랐다. 한 조에 보통 남녀 각각 다섯 명으로 편성했다. 십장은 일을 제대로 하는지 게으름 피우는지 항상 동태를 살폈다. 언제나 잔꾀를 부리는 사람은 있기 마련. 저녁 해산할 때는 농땡이 친 사람에겐 다음날 나오지 말도록 했다.

일당 계산은 보름에 한 번씩 정산한다. 그것도 일할 수 없는 비 오는 날을 택해서 현금으로 봉투에 넣어서 줬다. 가끔 작업 일수 착오로 다투기도 했지만, 무난히 해결했다.

지금도 잊히지 않는다. 돈을 더 받으려고 트럭에 흙 싣는 일을 현장 책임자와 약속하고 가랑비 오는 봄날 몇몇이 산등성이를 방공호처럼 파고 들어갔다. 한낮 무렵 마을에 연락이 왔다. 흙을 파던 청년 한 명이 흙더미가 무너져 깔린 것을 꺼내 병원으로 실려 갔다는 것이다. 날이 저물 무렵 스무 살의 청년은 시체로 돌아왔다. 초저녁 샛

바람 부는 밤에 마을 청년들의 상엿소리 들으며 본인의 소나무밭에 안장시켰다. 날이 어두워 남폿불 들어 봉분을 쌓고 때를 입혀 마무리한 뒤 청년들은 자정 무렵에 집에 도착했다.

젊은이의 생모는 일찍 돌아가 새어머니 밑에서 자랐다. 수산봉 저수지 곁을 지날 때면 문득 지난날이 떠오른다. 가난이 원수다. 돈이 아니었으면 일찍 세상을 뜨지 않았을 텐데. 저수지에 여러 사람의 영혼이 숨어있다.

저수지 활용은 몇 년 못해 보고 농민들은 외면했다. 기대했던 만큼 소득이 높지 않아 논을 밭으로 전환했다.

수산리는 1990년대 초까지만 해도 저수지를 활용한 도내 유일한 유원지로서 도민의 사랑을 받던 곳이다. 보트장, 야외풀장, 식당을 설치해 가족 휴양지의 기능을 담당했지만 1996년부터 사업 부진으로 운영을 중단했다. 이후 당시의 폐기물로 비판을 받으며 다시금 사람들의 기억에서 잊혀 가는 조용한 마을이다.

어느덧 해는 산봉우리 뒤로 물러가고 잔잔한 저수지 속에 묻어난 한을 보듬으며 산사의 종소리가 마을 전체를 감싼다. 과거 수산유원지의 기억, 잃어버린 마을 하동과 함께 4·3사건의 비극도 역사 속에 숨어 있으리라.

수몰의 아픈 역사 저수지, 기억을 잔잔한 수면 깊은 곳에 묻고 있다. (2017)

아흔아홉 골의 아침

새벽 걷기를 일찍 나섰다.

알람 시간을 아침 세 시에 맞췄으나 두 시에 깨기도 한다. 제일 먼저 하는 일은 눈 뜨는 것. 뭘 해야 하나 한참 생각에 잠긴다. 다시 자려고 해도 잠이 오지 않는다. 삼다수 한 컵 마시고 제주신보를 본 뒤 두 시 반에 자전거를 타고 집을 나선다. 애향운동장까지 십여 분이면 도착한다. 운동으로 나섰으니 일상보다 조금 빠르게 걷는다.

걸으며 오늘은 뭘 해볼까 생각에 잠긴다. 오는 8월 25일 일요일 모둠 벌초하기로 한 날이다. 아직까진 내가 건강해서 벌초에 크게 걱정하지 않는다. 서울 있는 아들 셋이 올해는 벌초 참석하기 어렵다는 전화를 받았다. 내년에 참석하면 되니 걱정하지 않아도 된다고 얘기를 나눴다.

지금 나이 많은 세대는 벌초하는 것은 당연한 것으로 여긴다. 하지만 젊은이들은 벌초를 꺼린다. 세대 차이도 있지만 좀 고되거나 힘든 일은 하지 않으려 한다. 공부에만 매달리도록 교육을 잘못시킨 부모의 책임이 크다는 생각이다.

일기예보를 들으니 오후에 큰비가 내린다는 것이다. 아무래도 오늘 아침 혼자 벌초를 해야만 될 것 같다. 조카나 손자들도 서울에 살지만 벌초하기를 대수롭지 않게 여긴다. 아침 다섯 시다. 혼자 농업용 자동차를 몰고 아흔아홉 골 가족 묘지로 향했다. 밤이라 길을 잘못 들어 한참 헤맸다. 45분이면 갈 수 있는 길을 한 시간 걸려 겨우 도착했다. 대낮에만 주로 다녔으니 밤길에 길치는 당연하다.

밭에 도착하니 컨테이너 속에 한 병 넣어 둔 휘발유가 뚜껑을 잘못 잠갔는지 기름이 밑창에만 남았다. 난감했다. 아내에게 즉시 전화했다. 대문간 옆에 있는 기름 한 병 갖고 버스 타고 오도록 부탁했다. 있는 기름으로 겨우 스무 평쯤 풀을 베었다. 충혼 묘지 입구 버스 정류소까지 마중 나갔다. 아내가 갖고 온 휘발유병을 받고 즉시 돌려보냈다. 아내는 농장에서 혼자 해야 할 일이 있다.

날씨는 흐려 벌초하기 좋은 날이다. 쉬지 않고 벌초하고 나니 열 시가 됐다. 주변 정리를 마치고 열한 시에 출발했다. 곳곳에 이따금 벌초한 곳이 보였다.

사람은 언젠가 때가 돼 세상과 작별하면 대체로 산에 묻히거나 납골당으로 모신다. 제주시 연동 산 147-7 묘지, 843 제곱미터 255평을 2007년 7월 많은 금액을 주고 사들였다. 제주시장이 발급한 허가증 "가족 사설 공동묘지 1976-237호"다. 어승생 한울누리공원 서쪽 5백 미터 도로변. 조부모님의 묘를 같은 날 2008년 2월 21일 이곳에 안장했다. 여러 곳에 있었던 증조부님과 셋 조부님 포함 다섯 기의 묘를 하루에 2014년 9월 17일 이곳에 모셨다. 증조부모님의 남자 손은 서른다섯 명이다.

젊은이들은 벌초나 묘제도 지내지 않겠다는 주장이다. 혼자 할 수 있을 때까지 해 볼 생각이다. 아들까지는 벌초는 하겠지만 손자로 내려가면 걔네들도 벌초하지 않을 것 같은 예감이 든다.

앞날을 상상해 본다. 이제 산수가 지났으니 덤이란 기분으로 살아갈 생각이다. 아름다운 얼굴이 초청장이라면 아름다운 마음은 신용장이다. 초청장은 유효 기간이 있다면 신용장은 유효 기간이 없다. 젊은 날 초목처럼 푸르렀던 날들도 순리에 따라 가을의 주인에게 자리를 내주는 자연처럼 이제는 한 발 물러서야겠다. 최선을 다해 살지 못한 회한들이 허공을 스치는 바람 따라 흐른다. 생의 끝남이 언제일지 모르나 남아 있는 삶이 야위어 갈 것이다. 풍성한 물질문명 속에 살면서 정신은 왜 빈곤한지. 값지게 살지 못한 삶을 생각하며 지난 세월의 무상함을 느낀다.

이제 귀뚜라미 우는 가을이 얼마 남지 않았다. 시효 지난 세월 지난날을 자성해 본다. 시간이 지나야 보이는 허무함이 산에서 보인다. 산과 숲에는 온통 떠나가고, 죽어가는 것들로 인해 이별을 감당하기에 너무 슬프다. 진실을 추구했던 삶의 행복은 어디 있는지. 반복되는 계절 자연의 순리에 따를 뿐이다. 자신에 관한 질문에 정답을 찾지 못해 되풀이하는 부질없는 삶이었다.

언젠가는 나도 아흔아홉 골 아침 시신으로 충혼각 산사의 종소리 은은히 들으며 이곳을 찾을 것이다.

청명한 하늘엔 뉘우치지 못한 조각난 삶에 허무함이 새털구름으로 흐른다. (2019)

행운의 2018년

상대방과 인사를 나눌 때 "행복하세요." 또는 "건강하세요."란 말을 흔히 쓴다.

복의 종류를 본인 중심으로 부모 복, 처복, 동기 복, 자식 복, 재물 복, 관복, 인복, 행복 같은 복 자가 붙은 낱말을 즐긴다. 그중에도 오복을 바라는 이가 대부분인 것 같다. 복은 받는 것이 아니라 스스로 지을수록 좋은 것이 아닐까. 자연의 섭리가 그렇듯이 씨앗을 심지 않고 수확할 수 없고 노력 없이 저절로 얻는 것은 없기에 복 받으려거든 복 짓는 일을 많이 하라고 전해 온다.

2018년 십이월 중순쯤이다. 뜬금없는 전화를 받았다. "나는 도창회 문학 박사인데《내려오는 길》수필 책을 낸 문두홍 씨 맞아요?" "예, 그렇습니다."라고 했다.

"올해 시상할 수필 여덟 편을 심사했는데, 그중에서 내용이 괜찮아 연암문학예술상을 주려고 해요. 꼭 참석해야 합니다."

"참석하겠습니다."

"그리고 《돌아보며 내다보며》는 오래전 수필이지만 특별히 송강문학예술상 주겠으니 그리 아세요. 나는 동국대학교 양주동 선생의 제자로 문학을 전공했어요."

"감사합니다." 하고 얘기를 마쳤다. 어리둥절하다.

《내려오는 길》은 첫 수필집을 상재한 후 칠 년 만에 내놓았다. 그동안 써 놓은 글 중에서 읽을 만한 작품을 주섬주섬 모았다. 올해가 팔순이다. 글방 동료들의 권유에 용기를 얻어 책을 내고 싶은 의욕이 생겼다. 수필집 이름을 뭐라고 해야 할지 망설였다. 오월 하순 무렵에 책 이름을 수필 제목에서 골랐다.

같은 제목을 가지고 글을 쓸 때, 소재의 특성이 다르듯 표현 방법이 똑같지 않다. 제각기 얼굴이 다르고 성격 또한 같을 수 없음은 당연하다. 보는 이에 따라 읽기 쉽게 썼다거나 어려운 낱말이 많아 이해하기 어렵다고 한다.

가방끈이 짧았으나 수필가로 등단한 한 여성에게 박완서 작가가 하는 말. 책에 붙이는 글에서 "당신은 당신만이 쓸 수 있는 자신감 있는 글을 쓰라."고 주문했다. 어떤 작가는 널리 알려진 문학가의 글보다 자기가 읽어서 정서적으로나 마음이 감동 있었다면 굳이 명성 있는 작가의 책을 골라 읽지 않아도 된다는 말을 남겼다.

어느 작가는 읽고 나서 깨달음을 느끼거나 감명했다면 잘 쓴 글이라는 이도 있었다. 수많은 낱말이 모여 한 권의 사전을 이루듯, 삶도 여러 가지 장면들이 모여 한 삶을 이루는 것이 아닌가 싶다.

'복'을 크게 나누면 '행복'과 '축복'이 된다. '행복'은 우연히 일어나는 일로 자신도 모르게 다가온다. 언제 어디서 일어날지 모르는 막연히 기대할 수밖에 없는 것이 행복이다. 반면 '축복'은 자신의 배려로 다른 사람에게 복을 준다는 뜻이 아닌가 한다.

우스갯소리가 있다. 흔히 얘기하는 초복–중복–말복의 복이란 글자는 사람 '人'변에 개 '犬'자 로 '복伏'자다. 그래서 복날은 개를 먹는 날이라 한다.

타고난 재주가 있어 글을 잘 쓰는 이를 보면 부럽다. 다른 사람의 도움을 많이 받는 인복人福이 생활에 큰 도움이 되기도 한다.

《내려오는 길》 수필집을 낸 지 여섯 달 만이다. 여태껏 내가 자라면서 보고 듣고 느끼고 겪은 평범한 일상을 모았을 뿐이다. 나보다 훌륭히 잘 쓴 수필이 많았을 텐데…. 행운의 인복으로 연암문학예술상이 내게로 왔다. 잘 썼다기보다 앞으로 더욱 분발하라는 뜻으로 주는 격려의 상이 아닐까 싶다.

문장은 감칠맛이 나야 할 텐데 무미건조한 내용이 많다. 농익은 글이 아니라 풋과일처럼 향기나 맛도 없는 작품을 내놓았으니 부끄럽다. 엇비슷한 작품에서 상을 받는 것은 복이 아닐까 싶다. 인복은 타고나야 한다고 한다. 《돌아보며 내다보며》는 상재한 지 칠 년이 지났다. 송강문학예술상을 받았다. 모르면 용감하다고 책을 냈으니 되돌아보면 한심스럽다.

구양수의 삼다 중 다독, 다작, 다상량에서 다독을 못 했으니 다작은 멀고 다상량은 요원하다. 나이 들수록 쉼 없이 조금씩 날마다 읽고 글쓰기를 게을리 하지 않으련다. 지난날 한때 '책 속에 길이 있다, 옳게 읽고 바로 가자.'는 독서문구가 떠오른다.

잊을 수 없는 행운의 2018년.

꾸준히 글쓰기에 정진한다면 다시 이런 기회가 오지 않을까 기대해 본다. (2019)

추락하는 용龍

볼일이 있어 오랜만에 지난날 다녔던 사무실을 찾았다. 정년으로 퇴임한 지 스무 해가 지났으니 주변 환경이 많이 달라졌다. 당시 내가 앉았던 방안이 훨씬 넓어 보였다. 하루가 다르게 발전하는 사회 변화에 따라가지 못하는 자신이 부끄러웠다. 어리둥절하다. 책임자의 책상 위 명패는 검은색이었다. 직위와 이름을 자개로 새겨놓은 길고 세모진 명패. 좌 · 우측에는 용무늬다.

예전엔 명패는 갈아 끼우는 플라스틱 제품이었다. 인사 발령 나면 본인 이름이 적힌 길쭉한 스테인리스를 갖고 갔다. 부임지에 과장, 지점장이 새겨진 명패에 본인 이름을 그 옆에 끼우면 됐었다.

지금은 팀장, 총국장, 국장, 과장, 센터장, 지점장의 명패는 중앙에는 직위와 이름이 좌우에는 용이 새겨있어 지나치다는 느낌이 들었다. 꼭 이렇게 해야 품위가 유지되는지 씁쓸했다. 농촌 마을도 마찬가지다. 방 하나에 용의 명패가 여러 개 보인다. 이장, 개발위원장, 노인회장, 목장조합장이 대표적이다. 역시 검정 명패에 용이 그려져 있었다. 1960년까지만 해도 마을마다 향장鄕長을 둬 마을의 중요한 사안은 자문했었다. 그분의 명패는 없었다. 향장제도는 사라진 지 오래다.

용은 상상의 동물이면서 동아시아의 대표적인 상징을 지녔다. 가공할 능력을 발휘하는 여의주, 뿔과 날카로운 발톱, 상서로운 구름과 함께 몸을 뒤틀며 승천하는 용은 강력한 힘과 권능을 가진 존재다.

사람들은 용은 거침없는 힘과 강력한 권위를 가지고 있다고 생각한다. 하지만 용에게 힘과 권위를 부여한 것은 사람이다. 상상으로 만들어낸 동물일수록 특정한 상징을 붙이는 것이 일반적이다.

용은 아홉 가지 동물의 가장 좋은 부분, 강한 면만을 모은 것이라 한다. "본초강목本草綱目"에는 용의 모습을 낙타의 머리, 사슴의 뿔, 토끼의 눈, 소의 귀, 뱀의 목, 이무기의 배, 잉어의 비늘, 매의 발톱, 호랑이의 발바닥을 가진 모습으로 설명하고 있다. 아홉이라는 숫자는 가장 많은 것, 제일 높은 것을 의미한다. 인간이 아홉 가지를 갖게 되면 미륵彌勒이라고 부른다. 미륵이란 완전한 것, 용과 같이 가장 좋은 것들로 구성됐다는 뜻이다. 그래서 미륵을 모신 법당을 용화전龍華殿이라 일컫는다. 용은 영수靈獸의 대표라 하나 그 기원은 자세히 알려진 바 없다는 것. 용은 불교와 떨어질 수 없는 호법의 영물로 여긴다. 또한 바다 신이라 해서 용왕으로 모신다. 법당에 들어서며 대웅전 대문을 열면 대부분 호법적인 문양은 용이다. 금당 본존불의 위엄을 지켜 주는 천개天蓋 중앙에 두 마리 혹은 한 마리의 용이 새겨 있고, 불상 대좌에 용머리가 마주 향하는 경우도 볼 수 있다. 우리나라도 예외 없이 전설이나 기록으로 용을 표현한 것이 흔하다.

용은 여러 가지 모습으로 바꿀 수 있는 능력을 지녔으니 놀랍다. 봄이면 하늘로 오르고, 가을이면 물속 깊은 곳에서 사색에 몰입한단다. 자신을 진흙으로 덮었다가 봄에 나타난다니 아리송하다. 이는 자연으로 복귀함을 뜻하는 것이며 생산적인 수분守分의 상징이라고 한다. 용을 봤다는 얘기는 아직 듣지 못했으나 뼈를 봤다는 기록은 전해 온다.

지난 날 용은 통치자의 상징으로 자리했다. 용은 한 사무실에 하나면 충분하다. 사공이 많으면 배는 산으로 오른다는 속설도 있다. 사무실을 옮길 때마다 명패를 갖고 간다. 그곳에서 또 명패를 만든다. 명예욕이거나 과시욕으로 보이기 쉽다. 1950년대 농촌에서 본인 이름도 쓸 줄 모르면서도 명전 걸이로 직함 하나쯤 갖고 싶어, 훈장 잔치를 치르던 모습이 엊그제 같다. 의식주가 해결되면 명예욕을 바라는 건 본능인 것 같다. 용 명패 앞에 앉으면 책임감이 버거울 것이란 생각이 든다. 머지않아 통·반장도 용 자개 명패 앞에서 입꼬리를 올릴 것이다. 상패공장 수입 늘고 받는 분 즐거우면 누이 좋고 매부 좋은 격이나 다름없다.

용의 권위, 서민을 위해 베풀 때 우리의 삶은 한층 밝아지지 않을까.

추락하는 용의 모습이 가엾다. (2019)

좀도둑과 대도大盜

손가방이 없어졌다.

불과 5분 어간에 분명히 누군가 갖고 간 것이 틀림없다.

고향 마을에 회의가 있으니 참석해 달라는 이장의 부탁을 받았다. 태어나 열 살까지 살다 4·3사건 때 해변 마을로 이사한 후 계속 살아야 할 처지였다. 시외버스로 가는 길이라 집에서 일찍 나섰다. 시내버스를 타려고 집 근처 정류소로 갔다. 버스 도착 시각이 10여 분쯤 여유 있었다. 일요일로 도로변 상점들은 거의 문을 닫았다.

정류소에 버스를 기다리는 사람은 아무도 없었다. 가방은 작지만 마을 향토지가 들어 있어 꽤 묵직했다. 정류소 승차대 위에 가방을 두고 근처 마트 화장실에서 소변본 뒤 5분도 지나지 않아 돌아왔다. 가방이 보이지 않았다. 꿈만 같다. 주변 집 근처에도 돌아봤으나 물어볼 사람도 없고 막막하다. 누가 혹시 돈이 들어 있을 것 같아 갖고 간 것 아닌가 하는 생각이 들었다. 도저히 찾을 수 없었다.

가방 찾길 포기하고 시내버스로 터미널 동쪽 오라파출소에 들렀다, 담당 순경에게 가방 분실 과정을 설명했다. 그는 경위서 용지를 건네며 자세히 작성해야 한다는 것이었다. 육하원칙에 따라 상세히 적었다. 그는 왠지 나를 보는 시선이 못마땅한 듯했다. 그 순간 한 순경이 오토바이를 타고 현장 확인을 해 보겠다며 나섰다.

5분쯤 지났을까. 전화가 왔다. 스마트폰으로 찍은 사진을 내게 보이며 "이 가방 맞습니까?"하고 묻는다. 분명히 내 가방이었다. 가방을 갖고 온 그는 정류소 승차대 위에 있었다고 한다. 내게 건네며 내 용물이 다 있는지 확인해 보란다. 고스란히 그대로 있었다. 이상한 일이다. 내가 떠날 때 분명히 없었는데 누가 갖다 놓았는지 묘하다.

절도범은 가방 근처에 누구도 없었기에 견물생심이겠지. 가방을 열었으나 돈 한 푼 없으니 허방 쳤다며 혀를 찼을 법하다. 훔쳤지만 지켜야 할 양심만은 버리지 못했으리라. 인간은 누구나 선과 악의 갈등 속에서 번민한다. 양심은 선을 지키려는 도덕률이 아닐까. 양심이 본연의 성질을 잃었을 때 인간은 동물로 타락하고 만다.

인간이라면 양심의 회복은 언제나 가능하다는 생각이다. 때로는 도둑질하러 갔다가 상대의 딱한 사정을 보고 오히려 도심을 도적맞고 왔다는 얘기도 있다. 어느 소매치기는 생활고에 못 이겨 강물에 투신하려는 여인을 구해 자신이 훔친 돈으로 그녀를 구제했다는 미담도 전해 온다.

요즘 양상군자는 어떤가. 아무래도 그들은 양심의 마비에서 출발하는 것 같다. 그들도 이젠 보통 양상군자가 아니다. 고도의 지능과 치밀한 조직, 그리고 완벽한 기술 훈련을 거쳐 기업화로 발전하고 있다니, 그들에게 개과천선을 기대하기는 어려운 것 같다. 양상군자는 잘못이란 생각은 까마득히 잊은 채 정당한 노력의 대가로 생각한다니 개탄스러운 일이다. 신의 경지에 도달할 만큼 피나는 수업과정을 거쳤을 것이다. 그러나 그들이 많은 기량을 얻기까지 노력을 사회봉사나 공익적 활동에 기울였다면, 오히려 그 이상의 공로를 인정받고 포상도 받을 만하다.

양상군자도 이제는 정신 차려야할 때다. 다른 목적이나 취미가 수반돼 피를 부르는 흉악범으로 발전한다면 도저히 용납할 수 없는 일이다.

《레미제라블》에 나오는 '장발장'처럼 당장 굶주림을 면키 위해 빵 한 쪽을 훔친 한낱 불쌍한 시민이다. 어디 사흘 굶고 남의 집 담 뛰어넘지 않을 사람 있겠는가.

그들은 곧잘 의리와 질서를 내세워 일사불란한 조직체계를 자랑한다. 이를 양심의 기초로 사회정의를 위해 봉사할 수 있다면 얼마나 좋을까. 인간성을 외면한 채 유유상종 의리나 값싼 동정심에 얽매이지 않고 선량한 시민으로 거듭나기를 바라는 마음 간절하다.

도둑은 생계형인 경우가 대부분이다. 배고파 빵 한 쪽을 훔친 장발장의 죄가 얼마나 무거운가. 반면 억만금을 훔친 도둑도 있다. 수조 원의 기업자금을 횡령하고 세금을 탈세하는 사업자. 수 천 억 원의 벌금을 내지 않고 버티려는 전직 대통령….

있는 자들이 부동산으로 치부해 경제를 틀어쥐고 국정을 좌우하는 것을 그대로 방관해야 하는가. 그냥 두면 나라가 망한다.

도둑은 다른 사람의 물건을 훔치거나 빼앗는다. 성철스님은 남을 속이는 자는 좀도둑이요, 자신을 속이는 자는 큰 도둑이라 했다.

세상은 인과의 법칙에 의해 원인에 따른 결과가 나타난다. 맑은 물에 빨강 물감을 넣으면 빨갛다. 이때 빨강 물을 맑게 하려면 계속 맑은 물을 넣는 것이 방편이다. 인간의 마음도 이와 다르지 않다. 마음은 선과 악이 공존하며 사람에 따라 강약이 다르다. 선하고 바른 이치를 받아들이면 마음이 맑아지고, 악하고 어두운 길로 빠져들면 나오기 힘들게 된다.

마음속에는 이미 전생에서 지은 수많은 선과 악이 쌓였다. 이를 따지기보다 어떻게 해야 악을 멀리하고 선한 마음으로 다가갈 것인가를 고민해야 할 때다. 좀도둑이나 대도 역시 인간이다.

양심은 깊은 산속 옹달샘 같은 것. 아무리 가물어도 방울방울 솟아나리라. (2019)

4.

삶이란 자기와의 분투

길 위에서

여태껏 살면서 길에서 헤맨 시간을 셈해 본 일 없습니다.

아주 오래전 봄날, 아직도 뚜렷이 잊지 못할 사연이 있습니다. 해방되기 직전, 초등학교에 다녔지요. 책가방을 가진 학생은 아무도 없었습니다. 얇은 사각 보자기 한쪽 모서리에 학습장과 연필을 넣어 둘둘 말아 허리춤에 묶고 다녔어요. 학교가 파하자마자 바로 집으로 단숨에 달려왔지요. 점심 먹고 보자기를 풀었더니 연필이 없어졌습니다. 덜컥 겁이 났죠. 이상하다. 학교에서 분명 챙기고 왔는데 보이지 않았습니다. 바로 왔던 길로 나섰지요. 걸어서 학교까지 십여 분 거리입니다. 천천히 걸으며 이 잡듯 샅샅이 훑었습니다. 오가며 그러기를 한 시간쯤 헤맸으나 끝내 찾지 못했습니다.

저녁 밭에서 할머니가 들어오면 뭐라고 말할까 망설였습니다. 야단맞을 생각에 겁이 났어요. 집에 들어서기 바쁘게 할머니께 자초

지종 얘기하자 별로 꾸중하지 않았습니다. 뜻밖이었습니다. 할머니는 바로 이웃집에 달려가 몽당연필 하나 빌려 왔지요. 대나무를 연필 길이만큼 잘라 끼워 넣어 글을 썼던 일. 지금도 아련한 유년기의 추억은 새록새록 엊그제 일처럼 눈앞에 스칩니다.

누구나 가지고 있는 것을 잃어본 경험이 있을 겁니다. 아주 작은 것도 잃으면 속상합니다. 돈 잃고 속상한 적도 있고, 사기당해 금전을 날리는 일도 있겠지요. 열심히 노력해 벌어들인 재산을 하루아침에 날리고 그 아픔을 견디지 못해 스스로 생을 마감했다는 TV나 신문 기사를 봤습니다. 우리가 잃어버린 것은 돈만 아니죠, 사람을 잃는 슬픈 일입니다. 사랑하는 사람과 거리가 멀어지거나 친구를 만나고 싶지 않은 일만큼 가슴 아픈 일도 일어납니다. 죽음이란 불가피한 상황으로 사람을 잃는 것도 마음 괴롭습니다. 때론 내가 원치 않았으나 어쩔 수 없는 관계로 오래 사귄 스승, 선배나 동료를 잃는 일은 인생에서 엄청난 손해가 아닐까요.

삶도 하나의 인생길 아닌가 싶습니다. 인간관계란 유리그릇과 같아서 깨지기 쉽고, 한 번 깨지면 붙여도 흔적이 남으니, 조심히 다뤄야 합니다. 우리에겐 많은 시간과 기회가 있습니다. 그 기회를 잃고 평생 아픔이 되고 상처가 되는 걸 경험합니다. 잃어버린 시간, 기회는 다시 돌아오지 않기에 아픔과 후회 속에 살아갑니다. 돈, 사람, 시간이나 기회와 멀어지는 것보다 더 소중한 것은 영혼을 잃어버리는 일입니다.

때로는 힘든 길을 버리고 차라리 쉬운 샛길로 갈까 생각도 해 봅니다. 바쁠수록 돌아가라는 진리는 삶을 편하게 합니다. 가다가 힘들면 잠시 멈추거나 속도가 느리고 때로는 빠르기도 합니다. 기쁘거나 슬픈 길을 걸을 때도 있습니다. 하는 일이 불안하거나 의심스러울 때도 있지요. 아무리 바빠도 마음의 여유는 잃지 않고 바른길을 걷는 게 도리가 아닌가 합니다.

내게 주어진 자유로운 시간을 뜻있게 보내야 할 텐데 어떻게 정리할까, 곰곰이 상념에 잠겨 봅니다. 글 쓰는 일에 비중을 두면 어떨까 합니다. 나이 들수록 글을 써야 치매 예방에 도움 된다는 얘기를 자주 듣습니다. 수필은 사람의 마음을 잔잔하게 가라앉혀 주는 역할을 합니다. 좋은 수필 한 편으로 복잡한 삶에서 잠시나마 쉬어갈 수 있는 여유를 가질 수 있다면, 그보다 행복한 일이 어디 있을까요. 목이 타는 등반길에서 시원히 마실 수 있는 약수 같은 수필.

바른길이란 자신이 분별심을 버리고 비우면서 함께 살아가는 세상이 아닐까 합니다. 사람다운 삶을 위해 안과 밖을 구분하려 하나 뜻대로 되지 않는군요. 우리는 더불어 살아가는 사람들 속의 한 공동체입니다.

물 흐르듯 순리대로 살아가는 사람이 부럽습니다. 그에게는 번영과 행복이 따를 것입니다. 사람은 모두 입안에 도끼를 가지고 태어났다고 합니다. 어리석은 이는 말을 함부로 해, 그 도끼로 자신을 찍는다고 들었습니다.

인생은 길에서 태어나 길을 가다 길에서 깨닫고, 길 위에서 자연으로 귀의하며 삶을 정리하는 것이 순리가 아닌가요. (2020)

낡은 운동화

사람은 언제부터 신발을 신었을까.

기원전 3300년께 이집트 사람들은 땅에서 내뿜는 열로 인해 발을 보호하려고 얇은 나무판자를 대고 끈으로 발목을 묶기 시작했다. 이것이 바로 최초의 신발 형태라 한다.

사람은 평생 지구 지름의 두 배 반 되는 거리를 걷는다고 했다. 그만큼 발은 온몸의 건강과 직결될 만큼 중요한 기관이라는 정설이다. 발 전문가들은 사람에게 가장 좋은 것은 바로 맨발이라고 강조한다. 몸을 지탱하고 걷게끔 하는 발의 원래 기능을 충실히 수행하는 데 맨발만큼 좋은 게 없다는 의미다. 그렇다고 아스팔트 도로나 시멘트 포장도로를 맨발로 다닐 수는 없는 법. 소중한 발을 건강하게 지키기 위해선 신발 선택이 중요하다.

나는 해방 되던 해 초등학교에 입학했다. 그때는 농촌이라 날씨 좋은 날이면 애들이 맨발로 다니거나 대부분 짚신을 신었다. 그만큼 경제 사정이 어려웠다. 비가 오는 날은 검정 고무신을 신어야 했다. 가정 형편이 어려운 애들은 비가 와도 짚신을 신고 다녔다. 초등학교 졸업사진에 짚신을 신은 학생도 있어 앨범을 볼 때마다 지난날 가난했던 시절이 떠올라 회상에 잠길 때도 있다.

근처에 사는 친구의 집안은 좀 가난했었다. 이웃 마을 친족의 잔칫집에 가는데 고무신이 없어 내게 고무신을 빌려달라고 했다. 오죽했으면 내게 그런 부탁했을까. 평소 내성적이라 좀처럼 그런 말을 꺼내지 않을 것 같은데, 용기를 내고 말했을 때는 자존심이 상하지 않았을까 하는 측은한 마음이 들었다. 나는 바뀌지 않도록 단단히 얘기하고 빌려줬다. 어쩌다 사람들이 많이 모이는 곳이면 신발을 잃거나 바뀌기도 하고, 일부러 헌 신발을 놔두고 새 신발을 신고 가는 얌체족이 이따금 있었다.

한국전쟁이 한창 무렵 중학교에 입학했다. 그 당시 제주시는 읍이었고 읍내라고 했지만, 농촌과 다름없이 농사짓는 가정이 대부분이었다. 농촌에서 지내다 읍내에 살면서 자취생활을 하게 됐다.

어머니는 내게 난생처음 운동화를 사주셨다. 날씨 좋은 날 학교에 갈 때는 운동화를, 비가 오는 날은 검정 고무신을 신었다. 학교와 집까지는 걸어서 십 분밖에 되지 않는 가까운 거리였다. 가랑비 비 오는 날도 웬만하면 고무신을 신고 우비도 없이 뛰어다녔다. 학교에서 돌아오자마자 검정 고무신으로 갈아 신는다. 소소한 일을 하거나 놀러 갈 때도 마찬가지였다. 운동화를 조금이라도 오래 신으려고 상전 모시듯 아꼈다.

토요일 오후 여럿이 고향집으로 걸어갈 때도 모두 고무신이다. 어떤 날은 신발 밑창이 닳아 틈새 구멍으로 작은 알갱이들이 발밑을 눌러 걷기에 불편해 고역을 치렀다. 여름철이라 길섶에 무덕무덕 짧게 자란 잡초를 밟으며 걸었다. 조금이라도 집에 일찍 도착했으면 하는 마음뿐이었다. 세 시간을 절뚝거리며 집에 도착했을 때는 해가 설핏해 있다.

이튿날 아침 헌 고무신을 구했다. 평평한 부분을 가위로 오려 구멍 난 곳보다 여유 있게 맞춰 잘라내고 고무신 밑창에 넣어 신어 보니 괜찮았다. 오후엔 배낭 속에 잡곡 약간과 병에는 간장을 넣고 등허리에 지고 시내로 향해 집을 나선다. 걷다 보면 약속이나 한 듯 친구들을 만날 수 있었다. 코흘리개 친구들이다. 이제는 그들도 산수에 이르렀다.

현관에 팽개쳐진 신발을 보노라면 가슴이 뭉클하다. 날마다 주인 가는 대로 이리저리 쫓아다니느라 밑창도 많이 닳아졌다. 하긴, 닳지 않고 살아가는 인생이 몇이나 있으랴. 때로는 좋은 곳에 갔거나, 비겁하게 몸을 조아리는 곳에도 갔을 것이다.

신발도 주인을 닮는다고 했다. 한쪽으로만 닳아진 뒤축을 보니 아무래도 걸음걸이를 고쳐야 할 것 같다. 지구가 23.5도 기울어졌다고 하는데, 알게 모르게 그렇게 기울어진 현실을 사는 것은 아닌지. 아무리 똑바로 걷는다고 하지만 쉬운 일이 아니다. 그래도 가끔은 신발을 들여다보며 지나온 길을 돌이켜 보는 것도 의미 있는 일이지 싶다. 삶이란 신발로 쓰는 또 하나의 일기가 아니고 무엇이겠는가.

살다 보면 원치 않는 곳에 발을 들여놓을 때도 생기는 법. 그래도 신발이 날마다 나를 지탱해 주었다고 생각하면 고맙기 그지없다. 밤낮을 가리지 않고 질질 끌려 다니며 고달팠던 인생의 산증인이다. 가장 낮은 자리에서 더러운 발을 감싸주며 온몸으로 주인을 섬겼던 고마운 신발이다. 흘러간 과거가 아름다운 추억을 만들어 주고 있으니 감사할 따름이다. 이제 할 일 다 하고 낡았으니 기다리는 곳은 쓰레기통뿐이다.

요즘 부모가 늙어 거동이 불편하거나 움직이기 어려우면 자식이 여럿 있어도 양로원으로 보내려 한다. 헌 신발과 무엇이 다르랴. 세상만사가 다 양면성을 지녔으니 매사에 너무 기뻐하지도 말고 슬퍼하지도 말라는 얘기가 떠오른다.

운동화가 헐어야 건강하다. (2016)

둥지를 버린 새

어쩐지 이상했다.

비파나무 아래 난데없이 하얀 낡은 비닐 조각 몇 개 보였다. 열매가 익을 무렵 휘늘어진 가지 끝에 둥지 하나. 몸은 어두운 갈색, 머리는 회색, 귀 근처 밤색 얼룩무늬 직박구리 텃새다. 주택가에 무리 지어 '찌익~ 찌익~' 시끄러운 소리는 듣기 거북하다. 네 개의 알. 메추리알보다 좀 작은 얼룩무늬였다.

왜 위험한 곳을 택했는지 의아스럽다. 바람이 조금만 불어도 떨어질 듯 위태롭다.

보름은 지나야 부화할 텐데 버티기 어려울 것 같다. 누가 보나마나 자기 할 일 다 한다. 이따금 옥상에 오르내릴 때 둥지는 쉽게 보였다. 사람이 들락거리는 낌새를 알았는지 지킬까 떠날까 판단이 서지 않은 듯 좌불안석이다.

직박구리는 사라졌다. 사나흘 둥지를 지키며 주위를 경계하더니 마침내 알을 포기했다. 터를 잘못 선택한 걸 뒤늦게 알았으리라. 약삭빠른 행동이 화를 부른 것이다. 기본을 제대로 지켰다면 이러지 않았을 텐데. 쏘아놓은 화살이라 어쩔 수 없는 일. 속설에 약은 고양이 밤눈 어둡다는 격이다.

새의 위력은 놀랍다. 숲의 열대림 70%는 새 배설물을 통해 뿌리내린다고 한다. 그들이 없으면 나무도 숲도 지구에서 사라질지도 모른다는 학자들의 주장이다. 상상만 해도 끔찍한 재앙이 올 것 아닌가.

모든 새는 때가 되면 시나브로 둥지를 떠난다. 사람은 어떤가. 가장 오래 둥지에 머무르나 이주본능이 있다. 최근 들어 노인은 정착문화를, 젊은이는 이주문화를 선호하는 추세다. 인간의 삶도 날로 변하고 있다. 지난날 둥지를 기둥 삼아 대사를 치렀다. 집에서 애 낳고 돌잔치, 성년이면 결혼식, 환갑이나 고희잔치, 장례 까지 지냈었다. 둥지는 꼭 있어야 했고 눈감는 날까지 동고동락했다.

요즘 어떤가. 한낱 거소에 지나지 않는다. 일터에서 돌아와 얘기나누거나 피로를 풀고 숙식이나 해결하는 장소나 다름없다. 애 낳을 때 산부인과, 몸조리는 산후조리원이다. 백일이나 돌잔치 결혼식은 식당이나 호텔을 찾는다. 노쇠해 거동이 불편하거나 병들면 곧장 요양원이다. 눈감으면 장례식장 냉동실이다.

간편한 것만 찾는 세상. 젊은 세대는 제 둥지 갖기를 멀리하는 추세다. 관리하기 복잡하고 귀찮다는 것. 전세금으로 지낸다. 재산세

낼 필요 없이 살다 싫증 느낄 때 옮기면 그만이다. 날이 갈수록 둥지의 개념이 사라지고 있어 안타깝다.

둥지를 버린 새. 선택은 자유다. 왜 떠났는지 풀리지 않은 의문이 꼬리를 문다. 주인 없는 둥지를 멍하니 바라본다. (2014)

등산과 하산

나이 들수록 엉뚱한 생각을 할 때가 있다. 나만 그럴까.

걷거나 무거운 물건을 운반할 때는 혹시나 하고 체력을 지난해와 비교해 본다. 이것쯤이야 하고 덤비지만, 예전처럼 녹록지 않다. 나는 빠르게 걷는다고 하지만 앞서가는 젊은이를 따라잡지 못한다. 역시 나이는 비켜갈 수 없는 당연한 현실임을 알면서도 수긍 못 하는 요즘이다.

새벽길을 걸으며 문득 떠올랐다. 다음 달 칠월 초에 봉정암 가기로 여행사에 신청해 뒀다. 이번이 마지막이 아닐까 싶다. 일행에서 앞장서지는 못해도 꽁무니에 떨어지거나 낙오자가 돼 남을 힘들게 해서는 안된다. 특별한 사람을 제외하고는 체력의 한계를 극복하기란 쉬운 일이 아니다. 처음은 04년 8월 제주불교대학 수료하면서 단체로 갔었다. 두 번째는 07년 여름이었고, 세 번째는 아내와 09년

8월말에 동행했다. 네 번째는 14년 4월 말경 2박 3일 간 어느 여행사에서 봉정암 갈 사람을 모집한다는 광고를 보고 동참했다. 이번에 가면 다섯 번째다. 봉정암을 가려면 예행연습이 따라야 한다. 한라산 정상을 몇 시간이면 왕복할 수 있을지 연습 삼아 점검해 보고 싶었다.

지난 5월 말 아침이다. 여름의 초입이지만 하늘은 찌뿌둥했으나 비는 오지 않을 성싶다. 아내가 챙겨 주는 빵 몇 조각과 삼다수 작은 것 한 병을 작은 배낭에 챙겼다. 시외버스터미널에서 여섯시 첫차로 5·16도로 버스에 올랐다. 사십 분 지나 성판악 정류소에서 청년 서너 명과 내렸다. 매표소 앞에는 여남은 사람이 줄 서 기다리고 있었다. 입장료는 없으나 차종에 따라 주차료를 내는 듯 보였다.

성판악 코스는 한라산 탐방로 중 가장 긴 9.6km다. 편도 4시간 30분이라고 등산안내판에 상세히 설명하고 있다. 쉬운 코스라 하나 동글동글한 돌이 많고 미끄럽다, 내려오는 길에 조심하지 않으면, 낙상하기 쉽다.

6시 45분 산으로 들어섰다. 한 번도 쉬지 않고 정상까지 천천히 걸으려고 다짐해 본다. 물을 마시거나 볼일 볼 시간을 제외하곤 계속 걸을 생각이다. 세 시간을 남들과 같이 걷는데 서서히 온몸이 노곤하기 시작했다. 진달래 밭에 이르렀다. 아내에게 전화 하자 너무 무리하지 말고 피곤하면, 몸 생각해서 바로 내려오라는 당부다.

있는 힘을 다해 네 시간 만에 한라산 백록담 정상에 이르렀다. 사위는 흐려 먼 곳은 볼 수 없었다. 먼저 도착한 사람들은 점심을 먹는다. 배고파 갖고 온 빵으로 요기하고 물 한 모금 마시니 피로가 풀리는 듯하다. 졸려 한잠 자려 했으나 쌀쌀한 날씨로 추워서 오전에 왔던 길을 천천히 내려오기 시작했다.

무겁게 지고 온 잡동사니를 버려야 내려가는 길이 홀가분하고 가벼울 텐데, 뭘 버려야 할까. 여태껏 살면서 하찮은 잡다한 것에 얽매어 마음을 괴롭혔다. 한 발짝 옮길 때마다 내려놓으려 다짐한다. 바르지 못한 자잘한 일들. 세상 만물이 모두 자연의 한 쪼가리에 불과하다. 공생을 이루며 사는 것이 자연의 이치가 아닌가.

예전에 걸었던 곳이지만 내려오는 길이 만만찮다. 모진 돌이 많아 위험하고 힘들다. 진달래 밭에 오자 진해에서 수학여행 온 고교생들이 줄지어 정상을 향해 날아가듯 속보로 걷는다. 정상에서 절반쯤 내려왔을까 다리에 맥이 풀렸음을 느낄 수 있었다. 어느새 학생들이 따라왔는지 앞서나간다. 나도 한때는 그들처럼 몸이 가벼워 발걸음이 빨랐었다.

산행은 혼자나 여럿이 다니는 경우를 볼 수 있다. 나는 홀로다. 혼자는 빨리 걸을 수 있지만 여럿은 먼 길을 갈 수 있다는 진리를 잊을 때가 있다. 산은 홀로이거나 여럿이와도 사람을 가리지 않고 언제나 반긴다. 산에 들어서면 마음의 여유와 느긋함, 편견과 선입견을 없애 주고 평등함을 일깨운다.

올라갈 때 못 보았던 삭은 구상나무 군락지가 보인다. 우리나라에만 있는 나무로 고산지대에서 살아가는 상록교목으로 20m까지 자란다. 잎의 뒷면이 하얀색이다. 전나무 속의 나무들은 모두가 솔방울이 하늘을 쳐다보며 위로 서는데 구상나무 솔방울도 그렇다. 태양을 보고 전진하는 기상과 안정된 모습은 누가 봐도 아름다운 자태가 흠 잡을 데 없는 나무다. 그래서 88올림픽 때는 상징 나무로 지정되기도 했다.

한 시간쯤 더 걸으면 출발지에 도착할 수 있을 것 같다. 천천히 걷는데 느닷없이 뒤로 벌렁 넘어졌다. 아무래도 하산이 힘들 것 같은 예감이 들었다. 정신력으로 극복하려고 다짐해 본다. 뒤따르던 마흔 초반으로 보이는 여인이 "혹시 할아버지 술 드셨어요?" 하지 않는가. - "나는 술 마시지 않았어요." 라고 일러 주었다. "평소 혈압이나 당뇨는 없으세요?" 하고 묻는다. 전혀 없다고 했다. 내려오는 분에게 사탕 있으면 몇 알 달라고 한다. 나를 보며 입술이 파랗게 보이는데 혹시 당이 부족한 것 같으니 사탕을 바삭바삭 씹어 삼키란다. 반드시 당뇨가 없어도 산에 올 때는 사탕이나 초콜릿을 갖고 다니면 도움 된다고 한다.

오는 도중 또다시 뒤로 넘어졌다. 길옆 밧줄을 잡고 오는데도 맥이 풀렸는지 조릿대 위로 여러 번 쓰러졌으나 큰 상처는 없고 하체의 힘이 소진된 것 같다. 그 여인은 "조난구조를 요청 할까요?" 한다. 제발 말아 달라고 사정했다. 산수의 노인이 걷지 못해 구조 받았다는 매스컴을 타고 싶지 않았다.

끝까지 같이 도와준 그 여인이 너무 고마웠다. 전화번호를 알려 달라고 했지만 끝내 알려 주지 않았다. 가을에 귤이 노랗게 익으면 한 상자 보내려 했었는데 무산되고 말았다. 산행 인심이란 배려의 혜택을 톡톡히 실감한 하루였다. 그 여인과 말 벗 삼아 정상에서 출발한 지 여섯 시간 만에 버스 정류소에 도착했다. 꼬박 열 시간 걸었다.

다시 기운찬 모습으로 산에 오르겠다. 하산도 등산만큼 의미 있는 여정일 수 있다.

머릿속에는 상념이 의미 없이 흘러간다. 주어진 시간 속에 몸은 맥없이 늙어 가지만, 마음만은 언제나 젊게 살고 싶다. (2018.6.12)

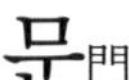

문門

문은 누구든 드나들거나 통할 수 있도록 만든 건축 구조물이다.

이른 아침 운동 나설 때 문간 한쪽에 있는 자전거를 꺼내 대문을 열어 넓은 길로 나선다. 몇 걸음 걷고 나서 자전거에 오른다. 새벽이라 길거리에 별로 차가 다니지 않아 자전거 타기에 안성맞춤이다. 오라동 수영장 밑에서 애향 운동장 가는 길은 약간 경사진 곳이라 페달을 힘줘 밟아야 단숨에 오를 수 있다. 운동장에 트랙에 들어서면 등허리와 이마에 땀이 촉촉이 솟고 기분이 상쾌하다. 서사라 집에서 이십여 분 남짓 걸어야 도착할 수 있는 곳을 자전거로 십여 분이면 운동장에 다다른다. 여름철엔 새벽 세 시 무렵 집에서 나갔으나 요즘은 겨울철이라 세 시 반 출발이 적당하다.

건물 모퉁이에 자전거 세워놓고 속보로 걷는다. 여름철엔 트랙 한 바퀴 걷는데 오 육분 걸렸으나 요즘은 오 분이면 넉넉하다. 걷기를 마친 뒤 운동기구에 매달려 몸풀기를 마치고 한 시간 반이면 집에 들어선다.

어렸을 적 할머니와 자랐다. 여름날 아침 김매러 밭으로 가는 할머니 뒤를 따른다. 올레에 대문이라 할 수 있는 정주목에 가로로 세 개의 정낭을 걸쳐 놓고 나선다. 그 문의 넓이는 두세 사람이 드나들 정도였다.

문의 종류는 다양하다. 대문이나 방문, 창문은 여닫을 수 있는 통로다. 넓은 의미로 여닫지 않고 자유롭게 드나드는 독립문, 개선문, 숭례문이나 사찰의 일주문, 능의 홍살문, 기념문 같은 곳은 출입에 제한받지 않아 누구나 드나든다.

좁은 의미로 드나드는 문과 창문이 있다. 여닫는 방법에 따라 회전문, 자동문, 여닫이문, 미닫이문이 있어 다양하다. 문은 문기둥과 문짝으로 돼 있다. 최근 문기둥의 재료로 돌이나 벽돌 철강재를 활용한다.

옛날엔 집주인의 신분에 따라 대문의 양식이 달랐단다. 일반 백성들의 초가는 사립문으로 대개 문이 달린 울타리였다. 양반의 기와집에는 몸채나 행랑채와 같은 지붕 밑에 평대문 양식으로 판장문을 달았다. 사대부의 집은 주택의 솟을대문과 대문이 설치되는 행랑채보다 대문채의 지붕을 더 높이고 문턱을 설치하지 않았다. 같은 계층에도 지방에 따라 재료와 모양에서 독특한 특색을 지닌 것이 많았다. 예로 사립문, 겨릅문 외에 제주 민가의 정랑을 들 수 있다. 정랑은 외부인이나 식구들의 출입을 알리는 무언의 표시다.

지난날 문은 신분이었다. 구중궁궐 왕이 지나는 문, 나인들이 드나드는 뒷문을 뒀다. 성곽의 후미진 곳에 시체가 들고나는 시구문, 솟을대문과 사립문, 형식적인 사립문은 신분과 밀접한 관계가 있었다. 대문은 집 안팎을 구분하지만, 방 안팎을 경계 짓는 방문은 자주 여닫는 곳이다. 세상과 속세를 구분하는 일주문이 있고 도성의 망루를 겸한 성문이 있다. 암벽을 뚫어 놓은 동굴도 거적을 달면 문이다.

항구와 포구는 바다와 뭍을 연결하는 문이다. 항해에 지친 배들의 휴식처인 동시에 큰 바다로 나갈 준비를 하는 곳. 뭍을 밀어낸 배가 먼 바다로 나갈 수 있는 것은 밤새 거친 파도와 싸운 배들을 품는 항구가 있어서다. 포구는 비릿한 생계를 낚는 이들의 귀환을 반기는 문, 고단한 하루를 씻는 왁자한 웃음의 문고리를 달고 있다.

보이는 것만이 문이 아니다. 의식, 문학의 길로 들어서는 등단도 통과의례의 문이다. 입신출세하려면 어려운 관문을 통과해야 한다. 등용문이다. 이때 문은 목표 지향성으로 반드시 그곳을 통과하려고 혼신의 노력을 한다. 통과 여부에 따라 성공과 실패로 갈리고 기쁨과 슬픔으로 나뉜다. 문은 호락호락 열어주지 않는다. 하지만 영원히 닫혀있는 것도 아니다. 아무리 어려운 문이라도 당당히 열 수 있는 자격을 쥔 자에게는 함부로 대하지 못한다.

문이라 인식 못해 지나치는 것들이 허다하다. 허공을 날고 싶은 인간. 그 욕구를 충족시킨 것은 비행수단이 아닐까. 공항은 공중과 땅을 연결하는 문이다. 지상에서 발을 뗀 비행기가 최대한 오를 수 있는 허공까지를 하늘이라면, 공항은 하늘로 오르거나 지상에 내려오기 위한 관문이다. 시공을 초월한 구원의 세계에서도 마음의 문은 중요한 역할을 한다. 신의 영역이 아무리 두텁고 단단해도 믿음으로 부단히 두드리고 갈구하지 않는가.

씨앗은 겨우내 얼었던 딴딴한 흙을 열고 나온다. 땅을 열어 새순이 자라고 수많은 가지가 잎을 틔우며 꽃을 피워낸다. 꽃이 지면 열매를 맺고 겨울이면 다시 땅속으로 들어간다. 이렇듯 땅에는 계절을 관장하는 문이 있기에 봄은 문을 열고 겨울은 문을 닫는다. 인간은 땅속으로 들어가면 죽음이다. 죽음은 닫힌 문이다. 그러나 영적인 세계가 있다고 믿는 인간은 사후의 또 다른 문을 생각할지도 모른다.

이성과 감성이 한 몸이 될 때 열리는 것이 마음의 문이다. 이 문을 열어야 세상이 보인다. 마음이 따라주지 않으면 몸도 말을 듣지 않는다. 고집이 불통을 낳고, 대화단절이 고립을 부른다. 열기보다 닫기 쉬운 것이 문이다.

쉬운 것이 언제나 문제를 일으킨다. 믿음이 깨어진 자리, 아픈 상처는 커다란 자물쇠를 채운다. 이 문을 여는 첫 열쇠는 입은 닫고 귀를 먼저 여는 것.

입은 하나지만 귀가 두 개인 것은 말에 앞서 먼저 경청하라는 까닭이 아닐까. (2020)

봄에 지는 낙엽

낙엽을 말하면 먼저 가을이 떠오른다. 초등학교 다닐 때 배고픈 시절이었다. 가을에 오곡백과가 무르익으면 풍성한 수확의 계절이라며 즐거워했던 때가 엊그제 같다.

정원 한구석에 쉰 해가 지난 비파나무 한 그루가 있다. 1972년 허허로운 들판에 콘크리트로 단층집을 지었다. 어느 날 어머니의 친구가 놀러 오셨다. 텅 빈 정원을 바라보며 과일나무를 심으면 어떻겠냐고 했다. 집에 비파나무 밑에 묘목이 있어 심으면 좋을 것 같다며 손수 한 그루 심어 주신 나무다. 어머니가 세상 떠난 지 30여년이 지났다. 심어 오십여 년, 노쇠기에 들었다. 이웃집 경계선에 바싹 붙여 있어 뿌리가 너무 자라 혹시 담벼락이 무너질까 항상 조바심이다. 근래 들어 가지치기를 지나치게 하는 편이다. 뿌리 자람을 멈춰 주길 간절히 바라는 마음에서다.

나무는 낙엽을 만들려면 준비 과정이 필요하다. 나무에서 영양분이 가장 많은 곳은 뿌리도 줄기도 아닌 잎이다. 가을이면 반대로 줄기 안쪽부터 낙엽이 지기 시작해 나중에는 나무 꼭대기에만 잎이 남는다. 푸른 침엽수는 잎이 지지 않으리라는 의문이 생길 수 있다. 상록 침엽수도 낙엽이 진다. 다른 나무처럼 봄에 잎이 돋아났다가 가을에 모두 떨어지는 것이 아니라 매년 조금씩 떨어진다. 그래서 상록 침엽수는 한 살짜리 잎만 있는 낙엽수와 달리 이삼 년 된 것도 있다. 귤나무 잎도 일 년 반 넘게 가지에 매달리기도 한다.

잎은 엽록소가 있어 햇빛을 받으면 광합성을 통해 에너지를 만든다. 꽃을 피우고 열매를 맺고 겨울을 이겨내는 에너지가 모두 잎에서 나온다. 따라서 영양분이 많은 잎을 그대로 버린다면 나무로선 엄청난 에너지 손실이다. 이를 막기 위해 나무는 식물이 살아가는데 필수적인 질소, 칼륨, 인 같은 주요 양분의 절반을 낙엽이 지기 직전 잎에서 줄기로 옮겨온다. 나무의 건강 상태를 알려면 잎의 양분 분석을 7~8월에 한다. 이 시기가 잎이 가장 성숙해 다른 기관으로 이동하는 양분의 함량이 가장 적을 때다.

비파나무는 봄, 여름, 가을 따뜻한 계절이 지나도록 가만히 있었다. 11월 낙엽 지고 추운 겨울바람이 올 때 꽃을 피운다. 자연의 섭리이고 의지인지도 모른다. 모두 움츠리고 지내는데 무언가 희망을 주고 활기를 줘야겠다는 생각을 꿈꾸는 나무가 고맙다. 비파나무는 장미과에 딸린 상록 교목으로 늦가을부터 초겨울에 걸쳐 꽃이 피고 봄에 낙엽이 지면서 다음 해 유월에 노란 열매가 익는다. 열매는 크지 않고 씨앗이 크고 과육은 적은 편이다. 적과하면 좀 크기도 한다.

일 년을 채우지 못하고 겨울이 오기 전에 스러지는 잡풀을 본다. 푸른 하늘에 잇대어 고고한 자태를 자랑하는 아름드리나무에 이르기까지 자연의 순환 원리에 따르는 게 경이롭다. 잎에서 줄기로 양분을 이동시켰다고 낙엽이 질 준비가 끝난 건 아니다. 나무는 추운 겨울 식물세포가 얼어붙는 피해를 최대한 줄이고자 이른 봄부터 잎과 가지를 잇는 잎자루에 떨켜 층과 보호 층을 만든다. 떨켜 층은 잎이 나무에서 분리되는 부분으로 얇고 약한 세포벽이 좁은 띠를 이룬다. 보호 층은 잎이 지기 전 잎의 흔적을 만들어 세균이나 바이러스의 감염으로부터 나무를 보호한다.

낙엽이 지는 순서는 성장호르몬 분비가 일찍 끝나는 곳부터다. 성장호르몬이란 옥신이나 지베렐린, 사이토키닌같이 식물의 성장이나 결실, 노화를 촉진하는 호르몬을 일컫는다. 이들은 식물의 어린 부분과 뿌리 같은 끝에서 만들어져 가장 늦게까지 분비된다. 겨우내 앙상했던 나무는 가지와 줄기 끝부터 잎이 나온다. 위에서 아래로, 바깥에서 안쪽으로 나뭇잎이 자라나 여름철 잎이 무성한 나무가 된다.

겨울에도 절개를 지키며 잎 푸르던 소나무, 새로운 생명의 탄생을 위해 누구도 미워하지 않는 마음으로 자연의 순리에 머리 숙여 맨손 흔들며 자리를 내어줄 준비를 한다. 소나무처럼 살고 싶다. 언제나 모두를 사랑하며 감사와 기쁨 속에 행복한 마음으로 한 줄의 글을 쓰며 봄에 지는 낙엽처럼.

시인 윤동주는 '잎새에 이는 바람에도 나는 괴로워했다.' 낙엽이 진다고 서러워할 필요는 없지 않은가. 오히려 낙엽이 져야 이듬해 봄 새싹을 기약할 수 있다. 낙엽은 오랜 세월 혹독한 추위를 이겨내기 위해 나무가 선택한 생존전략이다. 나무의 힘은 뿌리다. 보통 온대지역 식물은 봄에 잎이 나오면 가을에 낙엽 지고 겨울에 그 나무의 거름이 된다.

인간의 병치레를 줄이는 방법은 자연에 순응하며 사는 방법이 아닐까. 오래된 잎이 어린 새싹에 생명의 기운을 넘겨주고 서서히 낙엽이 된다. 아름다운 생명의 질서를 나무에서 느낀다. 인간만이 자연의 질서를 끊임없이 배반하고 무너뜨리는지도 모른다. 어쩌면 특권을 누리려는 건 아닌지.

봄에 지는 낙엽을 본다. 져야 할 때를 알고 가볍게 미련 없이 달랑 떨어져 바람에 흩날린다. 인간은 자연에서 삶의 지혜를 배워야 한다. (2019)

삶이란 자신과의 분투

인생이란 자기와의 도전이 아닌가 싶습니다.

진정으로 싸워 이겨야 할 대상은 남이나 세상이 아닌, 자신이라고 봅니다.

지난해 연초 한 해의 계획을 세워 추진했으나, 세밑에 이르러 보니 제대로 이뤄놓은 일 하나 없고 노력도 없이 먹는 나이만 늘었습니다. 자신의 불찰입니다.

1953년 인류 최초로 에베레스트 등정에 성공한 에드먼드 힐러리는 소감을 묻는 기자에게 "내가 정복한 것은 산이 아니라 나 자신이다."라는 명언을 남겼습니다.

자신을 이긴다면 세상과 도전해도 승리할 수 있으나, 나와의 싸움에서 패하면 바라는 목표를 달성할 수 없겠지요. 삶에서 자신의 잘못을 괴로워하고 그 무게를 감당하지 못해 좌절하기도 하지요. 때로는 자신이 최고라고 여기지만 알고 보면 하찮은 존재가 아닌가요.

모든 일은 항상 '나'로부터 시작하고 '나'로 귀착됩니다. 어떤 일이든 내 곁을 떠난다 해도 끝까지 남는 건 나 혼자입니다. 문제의 원인과 해결책도 자신이 감당해야 하고요.

불교만큼 마음에 대해 깊이 논하고 분석한 종교는 없을 것입니다. 모든 것이 마음에서 시작하고, 끝나는 지점 또한 마찬가지라 합니다. 옛 선사들은 이렇게 충고했습니다. 우리가 하룻밤 남의 집 신세를 끼칠 때 그 집주인을 찾는 것이 예의라고. 하물며 평생, 이 몸을 끌고 다니면서 그 주인인 마음을 돌이켜보지 않는다는 것은 어불성설이라고 꾸짖습니다. 원래 이 '일체유심조'라는 법구는 화엄경에 있는 말입니다.

불안하고 화나거나 슬픈 일도 내 책임입니다. 세상과의 시비와 다툼이나 모든 고통도 나로 인해서 일어나는 현상일 뿐이니까요. 나를 괴롭히는 것도 다름 아닌 나 자신이 아닐까 합니다. 행복을 자신에게서 찾지 못한다면 어디에서도 찾을 수 없겠지요.

나를 제대로 알면 자신을 이길 수 있습니다. 내가 누구인지 깨닫게 되면 자유롭습니다. (2020)

시급한 일 중요한 일

가족 묘지를 조성한 지 꽤 오래다.

조부모님 묘를 옮긴 지도 여러 해 지났다. 부모님의 묘를 이장해야 할 일만 남았다. 자식의 도리를 이행하련다. 과수원에 묘소가 있어 갈 때마다 마주한다. 봄마다 벌초는 잊지 않는다. 옮겨야 할 일인 줄 알면서도 여태까지 미뤄왔다.

시급한 일과 중요한 일이란 생각의 잣대에 따라 다른 것 같다. 급한 일이 대수롭지 않을 수 있고 중요한 일도 마찬가지 아닐까 싶다.

스티븐 코비는 소중한 것을 먼저 하라 라고 했다. 급하지 않지만 중요한 일에 늘 집중하란다. 실제로 시급한일이 매 순간 일어날 때도 있다. 때로는 급한 일과 중요한 일의 명확한 우선순위를 구분하기보다, 시간과 비용의 제약으로 적당히 넘기려한다. 과욕이 지나치면 평생 후회로 남을 수도 있다.

살다 보면 급하거나 중요한 일이 겹친다. 이런 경우 현인賢人은 중요한 일을 먼저 하란다. 진정 중요한 일이 뭔지 생각다 보면 어느새 세월은 흐른다. 급한 일이 꼭 필요치 않을 때도 있다. 중요한 일은 반드시 해야 할 일이다.

한 달에 두 편 글을 쓴다. 쓰고 난 뒤 여러 번 퇴고해도 내 눈에 안 보였으나 상대방은 티를 잘 골라낸다. 집중력이 모자람보다 내공이 부족함을 느낀다.

구양수의 삼다는 글쓰기의 전범典範이다. 어쩌면 그 내용은 천년의 세월이 지나면서 앞뒤 말은 다 자르고 핵심만 남은 것 아닌가 추측해 본다. 아니면 자신만의 글쓰기 비법을 쉽게 알리지 않으려고 말한 것인지도 모른다. 글 쓰는 이는 평생 실천해야 할 중요한 덕목이다.

시간적인 여유가 있으면 중요한 일을 미뤄 두고, 시급한 일부터 처리하려 한다. 급한 일이 우리에게 꼭 필요치 않을 때도 있다. 당장 뭔가를 써야 할 때 답답하다면 아직 준비가 덜 됐다는 신호다. 자료를 찾거나 관련된 책을 읽다 보면 저절로 소재가 떠오른다. 이때 글을 쓴다. 맞춤법이나 구조는 신경 쓰지 않는다. 마지막에 바로잡을 시간만 남겨두면 된다.

아직도 시급한 일과 중요한 일을 분간 못해 헤맨다. (2019)

봄 비료 흩뿌리기

때가 되면 계절은 소리 없이 우리 곁으로 살며시 다가온다.

어느새 과수원엔 잡초들이 기다렸다는 듯 기지개를 켜고 사위를 점령할 것처럼 기세등등하다. 귤 농사짓는 농부들은 일 년 중 먼저 시작하는 일은 봄 비료 흩뿌리기다. 지난날엔 너나없이 화학비료로 요소, 중과인산석회, 염화칼륨을 혼용해서 쓰거나 주로 복합비료를 사용했다. 고농도의 성분이라 적은 양으로도 넓은 면적에 쉽게 뿌릴 수 있었다. 요즘은 친환경 유기질비료를 쓰도록 농업기술원에서 권장하고 있어 대부분 농가는 이에 따르는 편이다. 화학비료를 쓰거나 농약을 살포하면 친환경농산물이 아니란다.

삼월도 중순이다. 며칠 전 지난해 신청해 둔 유기질비료 백여 포대를 보내 달라고 비료회사에 알렸는데 며칠 없어 운전기사라며 전화가 왔다. 그는 밭 소재지와 번지를 알려 주면 내비게이션으로 확인해서 찾아가겠다고 했다. 세상 참 좋아졌다. 젊은 기사는 약속한 날 비료를 싣고 와서 혼자 쉽게 밭 입구에 내려놓았다. 나는 비가 와도 젖지 않도록 비닐로 덮고 나일론 끈으로 바람에 날리지 않게 단단히 동여맸다.

비료를 줘야 할 때다. 오늘은 봄 날씨처럼 따뜻하다. 아침에 차를 몰고 아내와 농장으로 가는 길에 농협에 들렀다. 이른 시간이라 문이 열리지 않았으면 어쩌나 걱정했는데 마침 비료 담당 직원이 자리에 있었다. 복합비료 여남은 포대 값 십여만 원을 농협 신용카드로 처리했다. 사무실 옆에 주차했는데 직원은 쉽게 지게차에 비료를 싣고 와서 자동차 적재함에 내려놓았다. 요즘은 문명의 발달로 무거운일은 기계가 대신 해결해 줘 육체적으로 고된 일을 덜어주고 있다.

농사나 배움이나 적절한 시기를 잃으면 후회한다. 일 년 농사는 봄에 때를 놓치면 그 해 농사를 그르치기 쉽다. 소싯적부터 배워야 기억이 오래 남고 자라면서 삶의 밑거름이 된다. 기초가 튼튼한 집이 미래를 보장하듯.

비료 운반이 문제다. 지난해 한 번도 쓰지 않았던 관리기를 사용할 수 있을지 걱정이 앞선다. 각 부위에 기름 공급은 제대로 됐는지 확인 후 시동 끈을 힘차게 몇 번 잡아당겼다. 시동이 걸리면서 요란한 소리를 낸다. 힘들지 않게 운반할 수 있을 것 같아 한결 마음이 놓인다. 적당한 장소에 비료를 운반하고 나니 열 시다. 생각보다 오래 걸렸다. 해가 갈수록 행동은 굼뜨고 마음은 착잡할 뿐이다. 피할 수 없는 일이라 난감하다.

비료 한 포대는 플라스틱 양동이로 두 개가 넘쳤다. 아내와 나는 양동이에 비료를 가득 담고 귤나무 밑으로 허리를 굽혀 천천히 지나며 흩뿌렸다. 이따금 나뭇가지에 옷이 걸리고 모자가 벗겨져 짜증이 난다. 나무의 잘못보다 관리를 제대로 못 한 내 탓이 크다. 지난날 석회 비료를 뿌릴 때는 숨이 막힐 정도였으나 지금은 알갱이로 바람이 조금 불어도 작업에 불편함을 덜 느낀다. 한 시간도 채 지나지 않았으나 삭신이 쑤셔 못 견디겠다. 꾸준히 일하지 않고 너무 한가히 지냈으니 당연한 결과다.

배움도 마찬가지다. "가다가 중지 곧 하면 아니 감만 못하리라."는 말이 있다. 많은 내용을 한꺼번에 습득하기보다, 깊은 내용을 잘 안다고 뽐낼 것이 아니라 적게 공부하더라도 꾸준히 매일 계속하는 것이 중요하다. 우리 경제 성장의 밑거름으로 높은 교육열이 한몫을 차지했다. 하지만 잡박한 지식은 판단을 흐리게 하거나 오히려 일을 그르치게 한다.

농사는 인간의 노력보다 날씨에 훨씬 더 많은 영향을 받는다. 아무리 최선을 다해도 완벽하게 자연을 극복할 수는 없다. 그렇지만 하기에 따라 피해를 최소화할 수는 있다. 농사짓기란 쉬운 일이 아니다. 누가 시키면 못할 노릇이다. 순전히 운동한다는 개념이라야 수월하다. 돈 생각하고 노동력 계산하면 쉽사리 할 수 없는 게 농사다.

땅의 정직함은 성년이 된 후에도 나를 가르친다. 너무 과하지 않게 재미있게 일하라고. 이제는 몸이 재산이니까 건강을 지키란다.

무슨 일이든 지나치게 의무감으로만 한다면 일을 그르치기 쉽다. 나이 들수록 체력이 예전 같지 않음을 느낀다.

사람도 환갑이 넘으면, 늙은 나무의 껍데기마냥 피부에 이상한 증상이 보이기 시작한다. 손잔등은 거칠어지고, 검은 티들이 나타나고, 검버섯들이 온몸에 돋고, 어깨와 등에도 반점이 덮인다.

나무는 한곳에 가만히 서서도 오랜 세월을 살지만, 사람은 이곳저곳 떠다니며 별것을 다 찾아 먹으면서도 백 년 살기가 쉽지 않다.

오후 햇살이 포근하다. 바람 한 점 없는 따사로운 봄날이건만, 나무 그늘엔 싸늘한 냉기가 감돈다. 날이 저문다. 종일 비료를 흩뿌렸으니 온몸이 휘주근하다. 비탈진 동산에 앉아 먼 산을 물끄러미 바라본다.

쪽빛 하늘엔 하얀 솜털 구름이 두둥실 떠가고 있다. (2017)

5.

마음의 잣대

파치

비상품 감귤을 파치라 한다. 그러나 먹는데 지장은 없으나 상품성이 떨어진다는 이유로 시장 출하를 강제로 통제하는 실정이다.

한때 파치도 오히려 상품 값보다 높게 거래가 이뤄졌다. 1980년 무렵 정부에서 감귤 가공공장에 의무적으로 수매를 권장했다. 공장에서는 파치 구분 없이 똑같은 값으로 사들였다. 대기업은 외국에서 감귤농축액을 수입하려면 가공용 감귤 수매 실적에 따라 수입물량 쿼터를 배정했었다.

감귤 생산량이 늘면서 수입 과일이 들어오기 시작했다. 제주도는 귤의 품질과 브랜드 이미지를 높이기 위해 '감귤 생산 및 유통에 관한 조례'에 판매할 수 없는 상품 기준을 내놓았다. 조례의 범위를 벗어나면 파치로 취급한다. 그렇지만 일부 중간 상인들이 파치를 몰래 도 외로 반출한다. 따라서 공판장에 출하한 감귤 값이 하루가 다르게 내려간다.

2019년산 파치 감귤 수매 가격은 1kg에 180원이다. 하루 한 사람이 보통 20 컨테이너를 땄을 때 72,000원이다. 놉으로 따면 일당 70,000원, 점심 값과 간식을 치르면 오히려 손해다. 손 놓고 싶은 마음이나 영년 작물이라 내년 결실 시키려면 따내야 한다. 요즘 감귤 시세가 작년의 절반 값으로 하락해 농민의 한숨 소리가 예사롭지 않다.

세월 따라 삶이 하루가 다르게 변화한다. 나이 들수록 앉아 있으려한다. 노인의 길에 들면 항상 움직여야 건강을 유지할 수 있다. 지난날을 잊지 못해 자기주장만 내세우려 고집 피운다. 그러다 잘못하면 파치 취급 할지도 모른다.

파치는 환경에 따라 어쩔 수 없이 나타나는 현상이다. 요즘 언론 보도를 보면 고위 공직자와 그 가족들이 상상할 수 없는 기막힌 일이 터져 나온다. 자신에게 엄격해야 할 위치에 있는 분들이다. 더듬을수록 양파 껍질 벗기듯 한도 끝도 없는 것 같다. 어쩌다 운이 나빠 수사의 대상이 됐는지. 삶이란 파치처럼 과정을 겪으며 살아가는 것이 아닌가.

삶의 아름다움은 재산이나 지위보다 어떻게 사느냐는 마음가짐에 달려 있지 않을까. (2019)

웃자란 가지

봄이면 감귤밭 하는 농부는 가지치기가 먼저다. 더구나 밀식된 나무가 있으면 솎아베기 작업이 최우선이다.

지난해 해거리로 올해는 대부분 웃자란 가지가 예상외로 많다. 이처럼 여름철 이후에 보통 이상으로 길게 자란 가지는 개화 결실에 보탬이 되지 않는다. 웃자란 가지를 헛가지라거나 도장지라고 한다. 대부분 나무의 영양분을 허비하므로 잘라낸다.

귤나무 심은 지 마흔 해가 지났다. 직장에 다닐 때 가지치기, 농약 뿌리기, 귤 따기는 놉을 빌려 처리했다. 감귤 따는 날은 점심때가 가까우면 아내는 언제나 밭에서 나뭇가지로 불을 피워 알루미늄 솥으로 밥을 짓고 바닷고기는 잉걸불에 굽고 점심을 준비한다. 예닐곱 명의 인부는 식사 뒤에 마시는 숭늉 맛이 좋다며 옛날 누룽지 생각이 난다고 했다. 그들은 하나둘 앞서거니 뒤서거니 약속이나 한 듯 세상을 등졌다. 그때 귤 따던 사람들은 절반쯤 살아 있으나 제대로 일도 못하고 거동이 불편해 노인의 길에 들어섰다.

나는 스무 해 전 퇴직한 뒤로 귤 딸 때 일손이 부족하면 일꾼 빌렸으나 그 외로 다른 일은 아내와 둘이서 감귤밭을 관리해 왔다. 몇 년 전 힘이 부쳐 이천여 평을 사촌 동생에게 빌려줬다.

삼월 하순부터 아내와 전정을 시작했다. 여러 해 계속되는 일이지만 한 해가 다르게 작업 능률이 떨어지는 것 같다. 하는 일마다 굼뜨고 오랜 시간 일하지 않아도 쉽게 피로가 쌓인다. 요즘 들어 밭에서 종일 일하는 날이 별로 없다. 날씨 탓도 있지만, 꼭 돌봐야 할 애 · 경사가 있는 날은 일하다 손 놓고 대낮에 농장에서 나서거나 오후에 집에서 출발할 때도 있다. 몇 년 전부터 늦서리가 심해 전정을 늦게 시작하는 편이다. 지금은 새순도 돋아나고 꽃도 좁쌀 방울만큼 보인다. 가지치기는 햇볕이 잘 들고 열매 딸 때 편하기 위해 복잡한 곳의 나무들은 적당히 잘라낸다.

농부는 자연을 스승으로 삼는다. 만물이 질서 있게 신비를 드러내는 변화의 매력에 감탄하며 계절을 맞이하고 보낸다. 심은 대로 거두는 것이 자연의 법칙이다. 농부의 마음은 식물을 키워 줄 햇빛과 비를 기다리고 인내하면서 계절에 따라 심고 가꾼다. 농사는 큰 소득은 기대할 수 없지만, 흙과 더불어 여유로운 삶을 누리는 데 뜻을 두고, 열심히 살아간다.

때에 따라 질서 정연하게 겨울잠에서 깨어나는 생명체가 경이롭다. 땅을 뚫고 돋아나는 식물들, 추위에도 굴하지 않고 새 생명을 싹

틔우려고 겨울 속에서 봄을 준비하는 자연의 섭리와 신비를 느낀다. 인생 역정도 엄동설한을 견뎌낸 자연 속의 생명체들과 별반 다를 바 없지 않은가.

해마다 계절의 순환으로 겨울 지나면 봄이 오건만, 그 변화에 무감각하게 보냈었다. 만물이 소생하고 꽃피는 아름다운 봄 같은 행복한 순간도 있다. 그런가 하면 여름날 소나기 같은 예기치 못한 어려운 일로 고민하고 슬퍼하기도 한다. 나이 들어가는 탓일까. 봄을 맞이하는 마음과 그 의미가 새롭게 다가온다. 또 한 번 봄을 맞게 됨은 살아 있기에 얻은 행운이다.

웃자란 가지를 잘라내며 허세만 부리는 사람과 같다는 생각을 하게 된다. 과실을 맺지 못해 실속이 없으니 가지는 튼실하지만, 과감히 톱으로 베어 낸다. 또한, 서로 방해가 되는 엇갈린 가지도 잘라내고, 열매가 열린다 해도 제대로 결실 못하는 하향지도 제거하면서 나무의 모양을 잡아 간다. 좋은 과일을 얻으려면 많은 가지를 포기해야 한다. 자녀를 키우는 부모가 아이의 좋은 습관은 잘 살려 주듯. 나쁜 버릇은 고쳐 주는 것처럼, 쓸모없는 가지는 자르고, 어떤 가지는 소중히 키워 열매 맺기를 바란다. 꽃눈을 살핀다. 겨울 추위를 견뎌 냈으니 대견스럽다. 지난가을부터 가지에 꽃눈을 만들며 오랜 시간 봄을 기다려 왔다. 이제 화사한 꽃을 피우고, 꽃이 진 자리에 맺힌 열매들이 하루가 다르게 자라기를 기다린다.

사흘쯤 가지치기하고 나무가 마르기 전에 파쇄해야 힘이 덜 든다. 아내는 잘린 가지를 모은다. 잡초 속에 가려 있어 잔가지는 눈에 띄지 않아 모으기 불편하다. 잔가지를 제대로 줍지 않고 남아 있으면 풀을 벨 때 성가시니 잘 주워 내야 한다. 아내에게 대충 하지 말고 시간이 좀 걸려도 남김없이 주워달라고 기분 상하지 않게 넌지시 말을 건넸다.

파쇄기 사들인 지 스무 해가 넘었다. 오랫동안 썼으니 날이 무디어 굵은 가지는 파쇄하기 힘들다. 어린이 팔뚝만 한 것들을 골라 혼자 파쇄한다. 웃자란 가지는 마디마다 뾰족한 가시가 있어 탱자나무 가시처럼 날카롭다. 가지의 굵기는 어른 엄지손가락쯤 된 것도 있다. 길이는 1,2미터정도 된 것을 파쇄 할 때 한눈팔면 가시에 손바닥이 찔려 상처가 나므로 긴장은 필수다.

가지치기의 핵심은 열매 맺지 못하는 웃자란 가지는 모두 잘라내고 결과지는 더 많은 열매를 맺게 하려는 데 있다. 잘라 버리는 웃자란 가지의 특징은 하늘을 향해 독립을 선포하듯 곧추세워져 개인주의와 교만함이 극에 달한 것처럼 보인다. 함께하는 가지 하나 가진 것 없이 자신만을 위한 삶이라면 농부에겐 아무런 가치가 없다. 정성 들여 손질한 결과지는 큰 마디에서 뻗어 나온 잔가지다. 옆으로 뻗어 있거나 가지를 늘어뜨려 겸손과 온유로 조화를 이뤄 많은 열매를 맺는다. 가지가 수직일수록 자람은 강해지는 반면 꽃눈의 형성은 적다. 반대로 가지가 수평에 가까울수록 자람은 약해지고 꽃눈의 형성은 많다.

오늘도 혹여 남에게 웃자란 가지처럼 우쭐대거나 교만으로 허세부리지 않았는지 자신을 돌아본다. (2018)

여가 활용과 건강관리

늦은 봄부터 초가을까지 새벽 걷기로 하루를 연다.

가을 들어 귤 따러 이른 아침 농장으로 나선다. 늦게 오거나 피로할 때 건너뛰기 일쑤다. 작심삼일이 되고 만다. 어쩌다 운동기구에 매달려 몸 풀기가 고작이다. 볼일 있으면 가까운 거리는 무료 운동으로 자전거를 탄다. 계획을 지키지 않았다면 스스로 채찍질해야 하는데 팔은 안으로 굽듯 너그럽게 용서한다. 해야 할 일을 먼저 하고 여가활동을 하는 것이 바람직하다. 나이는 숫자에 불과하다 하나 몸이 따르지 않는다. 걸음이 예전 같지 않고 부자연스러워 뒤뚱뒤뚱 걷는 느낌이다.

체력을 유지하려고 취향에 따라 부지런히 운동하는 사람을 본다. 건강을 잃으면 아무 소용없다. 그래서 나이 들수록 몸 관리에 신경 쓴다. 누구나 행복하게 살기 바라지만 먼저 신체가 건강해야 마음이 안정돼 뜻하는 바를 이룰 수 있다.

옛날엔 겨울철 취미 활동으로 남자들은 윷놀이, 화투치기 같은 여럿이 함께하는 놀이가 많았다. 신분의 차이로 양반들은 서예나 한시 짓기를 즐겼고, 평민들은 민속놀이로 시간을 보냈다. 널뛰기는 여자, 씨름은 남자들의 몫이었다.

지금은 과학의 발달로 한가한 시간이 늘어나 종류도 다양하다. 신분이나 남녀의 차별이 없어졌다. 교통수단의 발달로 해외여행도 늘고, 계절에 구애 받지 않는다. 취미 활동으로 혼자 시간을 보내거나 관심이 같은 사람들이 모여서 한다.

지난날 요즘처럼 암이란 병이 별로 없었다. 찬거리는 육류보다 푸성귀로 목숨을 근근이 이어 갔다. 고기는 잔칫날이나 제삿날, 명절날 아니면 맛보기 어려웠다. 중산간 사람의 마시는 물은 거의 봉천수로 간장염에 걸려 고생하다 세상 뜨는 이들을 더러 봤었다. 하지만 요즘 젊은이는 대부분 간편식을 즐겨 비만과 당뇨로 고생하는 이를 종종 볼 수 있다.

요즘은 생활수준이 나아지면서 건강관리에 관심이 늘고 있다. 여가로 여러 가지 운동 중 취미에 따라 선택한다. 나이 들수록 과격한 운동보다 몸에 알맞은 것을 택해 등산, 수영, 올레길 걷기, 자전거 타기, 걷기를 계속하는 것이 바람직하지 않을까 싶다. 따라서 몸이 튼튼하고 건강해 간다. 여럿이 하면 즐겁게 지낼 수 있고, 비만 예방은 물론 다른 사람과 친해질 수 있어 스트레스도 풀린다.

적은 시간이라고 소홀히 보냈던 것이 아깝다고 느낄 때가 있다. 목표 있는 5분이 목표 없는 반나절보다 더 생산적일 수 있고, 귀한 자투리 시간을 제대로 활용 못 해 지나면 아쉬움만 남는다. 토니 슈와르츠는 "인간은 지속해서 에너지를 소모하도록 만들어진 것이 아니라, 에너지의 소비가 있으면 회복 또한 이루어져야 한다."고 말했다.

은퇴 후의 여가는 현역 시절의 여가와 의미가 다를 뿐 아니라 중요도에서 차이가 난다. 만약 기대수명이 80세인데 60세에 은퇴했다고 가정해 본다. 매일 8시간 자고, 3시간 밥 먹고, 2시간 일하면 나머지 11시간은 자유시간이다. 이를 합치면 은퇴 후 총 8만 시간 아닌가. 다가오는 100세 시대를 생각한다면 은퇴 후의 시간은 16만 시간 늘어날 것으로 예상된다. 이렇게 오랜 시간을 수동적이고 일상적으로 보낸다면 결국 할 일이 없어 괴로움만 쌓일 것이다.

많은 은퇴자가 컴퓨터를 통해 자기계발이 가능한 여가활동으로 자신의 취미를 찾는다. 잘 활용하면 다가올 외로움이나 고립감을 해소할 수 있을 뿐 아니라 남은 삶을 의미 있게 재설계할 수도 있다.

노후 시간을 보내는 방법으로 한국보건사회연구원이 2010년 조사한 결과 선호하는 여가활동으로 운동, 산책, 등산 순으로 나타났다. 좀 더 분석하면 남성은 운동, 스포츠관람, 등산과 같은 동적인 여가를 선호했다. 반면 여성은 책 읽기, 여러 가지 감상이나 관람, 라디오 듣기, 화초 가꾸기, 산책과 같은 정적인 것이었다. 또한 여성이 남성보다 교양강좌 수강을 선호하는 반면 교육수준이 낮을수록 산책, 화초 가꾸기, 친목 모임, 라디오 듣기, 음악 듣기, 노래 부르기에 대한 선호도가 높았다고 한다.

아침에 눈 떠도 아무런 역할이 없고 무료와 불안이 덮친다면 괴롭다. 할 일이 없어져 생기는 중장년과 노년의 위기를 노후생활의 4대 고통 중 하나가 무위 고無爲 苦라 한다. 가난의 고통 빈고貧苦, 병고病苦, 고독 고孤獨 苦와 더불어 심리적 방황을 겪게 된다는 것이다.

그릇된 판단일까. 삶에서 비밀, 공짜, 정답이 없다는 생각이다. 사람마다 얼굴이 다르듯 '열 길 물속은 알아도 한 길 사람 속은 모른다.'고 했다.

'여가 활용과 건강관리.' 인간의 개성과 성품은 천차만별이다. 살아가는 방법은 제몫이 아닐까. (2019)

약속

누구나 많은 사람과 약속을 하며 일생을 지낸다. 상대는 부부, 자식, 친구, 친족, 이웃, 동창이나 이해관계에 얽힌 사람들이다. 따라서 관계를 돈독히 하려면 중요하거나 가벼운 약속도 서로 지키고 노력하는 건 당연하다.

오래전부터 중학교 동창 여남은 명이 두 달에 한 번 초저녁에 모여 식사를 한다. 성질이 특이한 동창이 있다. 어떤 조직이든 모이고 보면 남다른 성격을 지닌 사람이 있게 마련이다. 약속 시각에 다들 모였으나 그는 나타나지 않았다. 궁금해 전화했더니 볼일이 있어 참석 못하겠단다. 충분히 시간 여유가 있었음에도 내가 전화하자 그때야 미안하다고 한다. 자기 입장이나 편의만 생각하는지 한편 섭섭할 때가 있다. 그 뒤로 참석 몇 시간 전에 알려 확인한다. 내 사정은 중요하고 상대와 약속은 대수롭지 않게 여긴다면 아무런 의미가 없다.

지난날 전화로 연락할 때는 시간이 꽤 걸렸으나 요즘은 손전화로 미리 날짜, 시간, 장소, 전화번호를 문자 한 번 보내고 모임 전날 같은 내용을 알린다. 시간 절약도 되고 정확해 문명의 혜택을 누리고 있다.

모여 앉으면 세상 돌아가는 정보나 건강에 관련된 얘기를 나눈다. 이제 산수에 이르렀다. 암, 전립선에 알맞은 운동이나 몸에 좋거나 해로운 음식이 화제의 대상이 된다. 한 친구는 산야초로 효소 발효액을 만들어 공복에 복용하면 몸에 좋다며 계속하고 있단다. 그래선지 그는 혈색이 남다르게 건강해 보인다. 입담 좋은 친구는 최근 개업한 손맛 좋고 저렴한 음식점을 어떻게 아는지 그가 추천하는 식당에서 틈틈이 별미 음식을 맛볼 때도 있다.

사람마다 성질 나름이겠지만 한번 습관이 길들면 고치기란 쉽지 않은 것이 약속이다. 나이 들수록 시간을 소비하지 않고 투자하는 마음으로 세상을 살아야 하는데 그렇지 못한다. 왜 자기 시간은 중요시하면서 남의 시간은 소비하게 만드는지 아쉬움이 남는다. 평범한 사람들은 시간을 어떻게 소비할까 생각하지만, 지성인은 시간을 어떻게 사용할까 궁리한다는 얘기도 전해 온다.

나폴레옹은 "약속을 지키는 제일 나은 방법은 약속하지 않는 것이다."라고 했다. 약속은 누구나 쉽게 할 수 있지만, 그것을 지키는 일은 아무나 할 수 있는 일이 아니다. 어떤 일이든 충분히 생각지 않고 쉽게 응낙해선 곤란하다. 어쩌면 깐깐하다는 비난을 받을지도 모른다. 하지만 약속을 했다가 지키지 못하면 신용 없는 사람, 혹은 불성실한 사람으로 낙인찍힐 것이고, 친구도 잃고 인생을 후회할 수도 있다.

약속을 한두 번 어기기 시작하면 습관이 되고 급기야 무감각해진다. 이를 몇 번 어겼을 때 상대방이 받는 메시지는 당신은 내게 중요하지 않다거나 거절하겠다는 뜻이 아닌지 의구심을 받기 쉽다. 처음 약속을 어길 때는 미안해하고 다음엔 그러지 말아야지 다짐하지만, 또 어길 때는 그런 감정이 약해지고 계속 그러다 보면 당연한 것처럼 여긴다는 것이다. 중요한 사람을 만날 때 차이점은 감각이 있는 분은 상대의 얘기에 전적으로 정신을 집중하거나 아예 손전화도 꺼둔다. 이런 모습은 내게 중요한 사람이라는 뜻이다.

태어남은 하나의 약속이다. 나무로 태어남은 한여름에 한껏 물오른 가지로 푸름을 뽐내라는 것이고, 꽃으로 태어남은 흐드러지게 활짝 피어 그 화려함으로 이 세상에 아름다움을 더하라 함이고, 짐승으로 태어남은 그 우직한 본능으로 생명의 규율을 지키라는 뜻이 아닌가. 작은 풀 한 포기, 풀벌레 한 마리도 그 태어남은 이 신비로 가득한 우주, 생명의 고리를 잇는 귀중한 약속이다. 그중에서도 인간으로 태어남은 가장 큰 약속이고 축복이다. 불가에선 모든 생명체 중에서 인간으로 태어날 가능성이야말로 넓은 들판 가득히 콩알을 널어놓고 하늘에서 바늘 한 개를 떨어뜨려 콩 한 알에 박히는 확률과 같다고 한다. 억만 분의 일의 확률로 태어나는 우리의 생명은 무엇을 뜻함인가. 다른 생명과 달리 태어남은 생각하고 이해하고 사랑할 기회의 약속이다. 미움 끝에 용서할 줄 알고, 비판 끝에 이해할 줄 알며, 질시 끝에 사랑할 줄 아는 기적을 만드는 일이다. 살아가는 일은 이 약속을 지키는 것이다. 인간은 평생 약속에 얽매어 방황하는 나그네가 아닌가 싶다.

가장 소중한 약속이 있다. 이를 어기면 친구와 우정에 금이 가고, 부모와 자식 간에 존경이 사라지고, 기업과의 거래가 끊긴다. 또한, 지구와 약속을 배반하면 환경이 파괴된다. 그래서 우리는 메모해가며 이를 지키려 한다. 하지만, 꼭 지키지 않아도 크게 문제가 되지 않는다며 이를 등한시하는 경우도 있다. 올해부터 담배를 끊어야지, 이번 달부터는 열심히 운동해야지, 일주일에 한 권 책을 읽어야지, 오늘은 퇴근할 때 바로 집에 들어가야지…. 그렇다. 자신과의 약속이다. 약속을 어겼다는 사실을 아무도 모르기에 팔은 안으로 굽듯 쉽게 스스로 용서한다. 자신과 약속을 맨 먼저 지키는 일. 어쩌면 가장 중요한 일인지도 모른다.

사람은 행동을 약속할 수는 있으나, 감정까지 약속할 수는 없다고 니체는 말했다. 과연 나는 어디에 속하는 사람일까. (2017)

안전거리와 인생

자동차 운전은 안전거리 확보가 최우선이다. 이는 사고 예방을 위해서 제동 거리만큼 유지해야 하는 앞차와의 거리다. 눈비로 길바닥이 질펀한 날이면 적당한 거리를 유지하는 것이 우선이다. 모든 물체는 마찰력과 관성력에 영향을 받을 수밖에 없는 까닭에 쌍방을 보호하기 위해 확보하는 것이다. 보통 시속의 이 분의 일 정도의 거리를 두면 좋다고 한다. 이는 최소한의 운전 예의이며, 생명과 직결되는 중요한 거리다.

며칠 전이었다. 초저녁 농장에서 집으로 오는 길, 해태 동산 근처에 이르렀을 때다. 전방 오십여 미터 앞 요란한 급부레이크 소리와 함에 꽝 소리가 들렸다. 앞차는 황색등을 보고 과속으로 통과하려다가 갑자기 멈추니 뒤차는 충돌할 수밖에 없었던 것 같다. 차는 크게 손상되지 않았고 다행히 운전자도 별로 피해는 없었다. 신호등을 무시하고 과속으로 통과하려다 생긴 사고였다.

신호를 지키고 차와 차 사이에 거리를 지켜야 하는 것처럼, 사람 간에도 일정한 지켜야 할 마음의 거리가 필요하다. 자기 욕심에 눈이 어두워 판단력을 잃고 기본을 무시하면 돌이킬 수 없는 상처와 후회로 남는다. 서로가 관계 지속을 위해서 존중해야 할 질서와 예의를 지키면 이웃과도 편하게 웃으며 지낼 수 있으리라.

한 번 싹튼 식물은 사람의 손에 의해서만 그 자리를 떠난다. 먹고 살기 힘들 때였다. 6·25전쟁이 한창일 무렵 나는 중학생이었다. 식량 해결을 위해 집집이 여름농사는 조를 파종했다. 골고루 정성껏 씨앗을 뿌려도 기대와는 달리 고르게 싹이 트지 않았다. 자연의 섭리다. 세상일이 바란다고 뜻대로 된다면 무슨 어려움이 있겠는가. 삶은 그래서 힘들다.

장마철이면 조 잎사귀가 너덧 잎 나올 시기다. 비 갠 날 호미 들고 밭으로 나간다. 한곳에 모도록이 나 있는 조를 뽑아 빈 곳을 찾아 어른 손 한 뼘 정도로 간격을 두고 심었다. 장마철이라 알맞게 비가 자주 내려 잘 자랐다. 반면 김매는 수고도 덜어줬으니 일거양득이다. 손으로 심은 조는 쭉정이가 별로 없어 알곡으로 대접받았다. 조밭 메는 일은 피곤하다. 한곳에 무더기로 있는 조는 솎음질해야 통풍도 잘되고 잡초도 덜 난다. 그렇지 않으면 제대로 자라지 못해 웃자라거나 튼실한 열매를 맺기 어렵다. 곡식도 이처럼 일정한 거리를 둬야 햇빛도 넉넉히 받으며 서로 부딪치는 일 없이 풍성한 수확을 할 수 있다.

70년도 후반에 감귤나무를 심었다. 당시는 귤을 맛으로 경쟁하지 않아 무조건 단위면적당 대량 생산을 목표로 밀식 재배를 권장했다. 판매는 시장에 출하하는 상품용 감귤이나 가공용 값이 별반 차이가 없었다. 오히려 가공용으로 출하하려는 농가가 많았다. 그래서 농민은 품질과 관계없이 많은 수량을 생산하려고 안간힘을 썼다.

하지만 지금은 상황이 달라졌다. 밀식된 감귤나무 간벌 사업은 2003년부터 꾸준히 진행하고 있다. 나무도 적당한 거리를 유지할 때 잘 자라고 병충해도 덜 걸린다. 2분의 1로 베어야 나무 간 거리가 넓어 햇빛을 골고루 받아 당도가 향상된다. 따라서 작업 통로 확보와 비료 주기, 농약 살포나 귤 운반 작업이 쉬워 인건비나 생산비 절감 효과가 크다. 그 해는 생산량이 줄지만, 점차 맛있는 고품질 감귤이 생산되므로 가격안정과 수급조절을 위한 필수 작업이다. 최근 감귤출하 시기에 맞물려 외국산 과일이 밀려온다. 감귤이 설 자리가 위태롭다. 맛으로 맞서려면 일정한 간격으로 나무를 베야 한다.

삶도 마찬가지다. 아무리 친한 사이도 지켜야 할 도리가 있다. 군대생활 할 때였다. 부대 인근에 고향 출신 K장교가 가족과 영외생활을 했었다. 주말이나 휴일에 외출할 곳이 없어 느닷없이 방문했지만, 사모님은 늘 밝은 표정으로 친절하게 대해 줬다. 무더운 여름철에 찾아가도 일부러 쌀밥 짓고 가지볶음에 구운 김으로 점심 대접을 받곤 했다. 그는 나보다 여남은 살 위였지만 항상 내게 존댓말을 쓰는 게 아닌가. 너무 쑥스러워 어쩔 줄 몰라 말을 놓도록 얘기했지만, 그가 하는 말은 "친할수록 예의는 지켜야 합니다." 지금도 뇌리에서 사라지지 않아 상대방과 무심코 얘기할 때면 이따금 떠오르곤 한다.

가장 가까운 사람은 가족이다. 늘 얼굴을 마주하고 눈 맞춤 한다. 지혜로운 사람은 거리를 잘 유지할 줄 안다. 손잡고 안아 주고 쓰다듬거나 웃으며 말하는 사람이다. 가족은 함께 있을 때 즐겁다. 힘들고 어려워도 같이 부대끼며 서로 격려하고 위로하며 살아간다.

자식도 부모에게 지나치게 의존한다면 자립심이 약하게 된다. 난로의 불도 너무 가까우면 뜨겁고 멀면 추운 법이다. 정도 이상으로 가깝거나 멀리하지 말라는 뜻일 게다. 자식 집을 방문할 때도 미리 알려 기본적인 준비시간을 줘야 한다. 충고나 조언은 요청이 있을 때 해야 자연스럽고 부담이 적을 것이다.

부모는 자식이라 할지라도 잘못된 점이 있다면 사과할 줄 알아야 신뢰를 받게 되지 않을까. 혈육으로 맺어진 천륜은 누구도 떼어 놓을 수 없다. 쥐면 깨질까 불면 날아갈까 애지중지 키워 온 자식들이 설령 자식의 도리를 다하지 못한들 어찌하겠는가. 오로지 자식들 잘되기만을 빌며 살아가는 것이 부모 마음이다.

부모와 자식 간의 거리, 잣대를 어디쯤에서 찾아야 할지 난감하다. (2015)

마음의 잣대

똑같은 물체도 보는 사람 눈에 따라 다르다.

잣대의 기준을 자신만의 눈으로 판단하면 곤란하다. 보편타당성을 지녀야 한다. 많은 사람이 공감할 수 있어야 함은 물론이다. 독선적인 판단은 사태를 악화시키거나 방관자를 양산할 수 있다. 따라서 주관으로 즉흥적이거나 감정적인 판단은 바람직하지 않다.

아내는 봄이면 과수원 삼나무 근처 자투리땅에 콩을 심는다. 나는 새들이 그냥 놔두지 않으니 심지 않았으면 했다. 하지만 새싹이 자라는 모습을 볼 때 흙의 고마움에 감사하다고 한다. 까치는 어떻게 잘 아는지 떡잎이 나올 무렵 여지없이 싹을 잘라 버린다. 반타작은 되리라 기대했으나 몇 그루 없으니 아내는 허탈한 표정이다. 기대가 크면 실망도 큰 법. 가을에 열매가 익을 무렵 산비둘기, 꿩, 까치가 날마다 들락거린다. 할 수 없이 망사를 덮어도 망을 쪼아대며 구멍을 낸다. 그들의 본능이다. 아내와 나의 잣대는 다를 수밖에.

우리는 어떤 현상이나 문제에 대한 판단을 내릴 때 잣대를 들이댄다. 잣대는 그 대상의 길이를 잴 때 쓰는 도구로 크기나 모양이나 외부환경과 무관하게 눈금의 간격이 늘 일정해야 한다. 눈금이 늘었다 줄었다 한다면 신뢰성이 없다.

마음의 잣대는 자신에게 관대하고 남에게 엄격한 경향이 내면에 존재할 때가 있다. 똑같이 잘못해도, 우리 아이 잘못은 용서되고 남의 아이 잘못은 눈에 밟힌다. 내가 교통신호를 위반하면 늘 그럴 만한 이유가 있게 마련이지만 다른 사람의 경우는 몰지각한 인간이라고 헐뜯는다. 내가 침묵하면 깊이 생각하는 것이고 남이 침묵하면 생각이 없다고 나무란다. 내가 화내는 것은 주관이 분명하고 남이 화내는 건 꼴불견이라는 식으로 내면의 잣대를 유리한 방식으로 고무줄처럼 늘였다 줄였다 한다면 믿음이 사라진다.

역사는 지도자와 국민이 함께 만들어 가는 삶의 총체적 축적이다. 그 시대의 지도자가 밉다고 역사마저 부정한다면 그 역사 전체를 욕되게 하는 것이다.

요즘 텔레비전에서 촛불집회를 본다. 제12차 '박근혜 퇴진' 촛불집회가 열린 지난 7일 저녁 제주시청 일대에서 5·16도로 명칭 변경 서명운동이 벌어졌다. 일부 시민은 5·16도로 명을 변경하자는 팻말까지 들고 나섰다. 떡 본 김에 제사 지내자는 격이나 다름없다. 왜 하필 그 장소에서일까. 박정희가 만든 5·16도로 기념비가 무슨 죄가 있나. 변경 이유는 "올바르지 않은 역사 청산"이라 한다. 그렇지만 지금의 명칭 그대로 "부정적 역사의 의미도 알아야 한다."는 사람도 있었다.

내 생각엔 명칭 변경은 못마땅하다. 시대가 바뀐다고 역사까지 부정할 수 없지 않은가. 2006년 평화로, 번영로 명칭 변경 때 거론했으나 지금의 명칭 그대로 존속키로 합의된 사항이다. 이 도로는 1932년 제주와 서귀포를 잇는 최초로 개설한 한라산 횡단도로다. 그 뒤 1935년 일본군이 군사 목적으로 일부 도로를 정비하고 관리했었다. 1962년 제1 횡단도로 기공식이 거행됐고, 이듬해 10월 미포장 상태로 개통해 16인승 버스가 제주시와 서귀포시를 드나들었다.

지금쯤 도로개설을 추진한다면 자연보호단체는 생태계 파괴라며 저항할지도 모른다. 명칭 변경만이 역사 청산인가. 내 잣대로만 볼 것이 아니라 상대방의 잣대로 세상을 본다면 어떨지. 오락가락하듯 임의성이 끼어들 수 있는 편파적인 주관적 잣대보다 검증할 수 있는 객관적 잣대라야 공감을 얻는다.

매사에 눈이 만족해야 즐겁다. 그래야 느낌이 빨리 오고 오래 기억으로 남는다. 우리네 삶의 일부분은 눈을 만족하게 하려고 노력할 때도 있다. 남의 눈이 무섭다고 하지 않는가. 안목이 있다는 말처럼 눈짐작이라는 말을 한다. 하지만 얼핏 눈으로만 판단하기에 한계를 드러내며 뚜렷하게 구분할 수 없어 공평성이나 계속성에 문제가 제기될 수밖에 없다. 눈빛은 즐겁지만 슬플 때도 있는 법. 드러난 모습만 평가하면 잠재력이나 미처 못 본 것은 빠져버린다. 선정적이고 자극적인 면만 돋보여 보기 좋은 떡이 먹기에도 좋다고 하는

식이다. 그것은 그 순간의 환영 같은 모습에 지나지 않을 수도 있다.

누구든 어떤 좋지 않은 상황에서 자신을 제외하고 물러서려 한다. 마음껏 남을 탓하고 욕하면서 자신은 의연한 척할 수 있다. 마치 안 그런 것처럼 자신과는 전혀 관계가 없는 일인 양 스스럼없이 말한다. 하지만 좋은 일에는 늘 자신이 포함되기를 바란다. 자신이 빠졌으니 불평불만을 토로할 수밖에 없고 뭔가 근본적으로 잘못된 일이라고 일축하게 된다.

늘 보는 얼굴도 며칠 수염을 깎지 않으면 늙고 까칠해 보인다. 그만큼 눈은 자세히 보는 듯싶어도 본질을 놓치기 쉽다. 객관성을 잃고 주관성이 개입될 수 있다. 자기 편의주의 발상인 셈이다. 주관은 사람마다 느낌이 다르게 다가온다. 잣대는 특별한 사유가 없는 한 같아야 한다. 모든 사람이 똑같이 지켜야 할 하나의 법이나 마찬가지다. 사용자의 목적이나 편의에 따라 늘였다 줄였다 멋대로 하면 그것은 잣대가 아니다. 가장 큰 불평불만은 불공평하다는 것이다. 차별대우를 받거나 인격 모욕을 느낄 때 분개하고 적개심이 생긴다. 공평하다면 어려워도 참을 수 있다.

법무부의 상징 마크 천칭 저울은 반듯하게 보일 뿐. 마음의 잣대는 어떤가. 어느 쪽이 공평한지 아리송하다. (2017)

사람의 됨됨이

사람이란 가장 진보된 고등동물로 문자를 지녔다. 지능이 높고 서서 걷는다.

사유하는 능력으로 문화를 만들어 낸다. 법률상 권리와 의무의 주체로서 자연인이다. 스스로 사회나 집단의 구성원으로 회사, 어느 고향 출신, 지역이나 가문의 사람이라 부른다. 아내를 집안사람이라 일컫는다.

사람의 됨됨이를 보고 '마음에 마땅치 않은 사람'을 얕잡아 인간이라 한다. 또는 저 인간의 말은 아무도 믿지 않는다고 나무란다. 인간 만사는 새옹지마라, 인생의 덧없음을 비유적으로 이르는 말이다.

사람은 예의로써 예절과 몸가짐에 신중하다. 그래서 예의범절을 지키지 않으면 사람대접을 받지 못하는 경우도 있다.

언어와 도구를 사용하며, 문화를 누리고 생각과 웃음을 가진 동물이다. 일정한 품격이나 자격을 갖추고 도리를 아는 인격적 존재다. 흔히 '그놈 사람 되려면 아직 멀었다.'라거나, 사람보고 판단해야지 배경이나 학력은 중요하게 여기지 않을 때도 있다.

살면서 도리를 다하는 사람이 몇이나 될까. 이행해야 함을 알면서도 다할 수 없는 경우가 흔하다. 노력도 않고 귀찮다고 지나면 그만이지만 꼭 가야 할 자리도 미루는 일이 허다하다. 익어 가는 인생길에서의 나눔. 찾아다니며 돈독한 정을 쌓고 순간이 부질없다 해도 그 길에서 내가 먼저 나누면 그 대가는 배가 되어 돌아온다.

인간이란 사람이 모여 사는 공간이다. 사람들끼리 관계하는 시장터다. 살다 보면 빈부귀천이 생기고, 지혜가 뛰어나거나 재산이 많을수록 유리한 조건으로 큰 격차를 벌려나간다. 세상은 혼자만 사는 게 아니다.

사회에서 직위가 높을수록 최고로 여기고 고향에 갔을 때 많은 사람으로부터 대접 받는다. 이웃과 사회를 돕고 덕을 베푸는 사람이 어른이다. 빈부격차는 깨달음이 있어야 열등의식을 면할 수 있다. 부자나 빈자나 하루 밥 세끼 먹고, 잠자는 평수도 똑같다.

사람과 인간을 비교할 때 '이 인간아 사람 좀 돼라.' 말한다.

법화경에는 사람 사는 세계를 '화택'이라 한다. 불타는 세계에서 인간들이 살아가는 곳이란다. 욕망과 무상, 애욕과 무지의 불 속에서 생존하고 있다는 것이다. 잘 살려는 욕망이 지나치면 불타는 집에서 사는 것이나 마찬가지란다.

사람은 만물의 영장이라 생각하고 행동한다. 한자를 보면 인간은 사람 人과 사이 間의 합성어다. 이는 사람 사이라는 뜻으로 더불어 같이 돕고 사랑하며 살아가는 존재라는 뜻이다. 하지만 사람은 오직 人 혼자다.

인류 역사를 보면 사회적 동물이라고 불리는 집단 중에서, 만물의 영장이라는 인류사회는 항상 두 가지 분류의 집단으로 나뉘어 있다. 사람의 집단과 인간의 집단이다. '사람이란 분류학적으로 사람과에 속하는 두 발로 서서 걸어 다니는 영장류 동물로서 고릴라 속, 침팬지 속의 일종을 이르는 말이다

즉 동물의 일종으로 그 명칭을 사람이라 붙인 것으로, 동물원의 울타리에 갇히지 않은 존재일 뿐이다.

동물원의 동물을 보는 시각은, 사람은 구분되지 않은 지역에서 무리 지어 다니는 동물일 뿐이라 할 것이다. 울타리 안과 밖의 공통적 생존 원리는 '약육강식', '적자생존'의 지배를 받는다.

대립과 반목이 횡행하는 오늘의 사회는 너와 나로 구분되는 약육강식의 원리에 의한 사람의 개념을 벗어나, 인간으로서 '공존의 원칙'에 입각한 리더가 절실히 요구되는 시기다.

한겨울의 '블리자드'라는 강풍과 눈보라로 영하 80여 도까지 떨어지는 냉 추위 속에서 황제펭귄들은 '허들링이라는 독특한 생존 방식으로 겨울을 난다. 허들 링의 외부와 중심부의 온도 차는 10도에 이른다는 것이다. 외부에서 내부로, 내부에서 외부로 자리바꿈하며 극한의 추위에 대응해 전체의 펭귄 무리가 살아남는다. 한낱 동물에 지나지 않는 펭귄이 너, 나가 아닌 서로의 몸을 부딪는 밀착을 통한

합체가 극한의 조건을 극복하는 생존의 원리를 깨우치고 있다.

사람이 되려면 신神을 이해하고, 부모님께 효도하며, 결혼해 자식에게 올바른 교육을 해야 한다. 이 네 가지를 볼 줄 알아야 사람이 된단다.

나는 사람일까, 거듭나, 진정한 사람이 돼 모두를 사랑하며 이웃과 함께 지내고 싶다. 그래야 사람노릇 해야 할 것 아닌가. (2018)

아내와 나들이

아내는 여태껏 생일날 쉬어 본 적이 별로 없었다. 음력 동짓달 초여드레 태어났다.

귤 수확이 한창 겹칠 때라, 한참 지난 뒤 미안하다고 어물쩍 넘겼었다. 그렇지만 아내는 내 생일은 잘 챙긴다. 음력 정월 초이레다. 해마다 여느 때 없이 성의껏 미역국에 생선 굽고 정성 들인 밥상이다. 쑥스럽고 계면쩍으매 "고맙고 감사합니다."는 한마디로 넘기곤 한다.

서울 사는 막내아들이 뜬금없이 전화가 왔다. 소소한 얘기는 문자로 소식을 주고받는 편이다. 느닷없이 한 달 뒤 어머니 생신날 아내와 딸과 함께 고향에 내려온단다. 아들 내외는 하루 휴가 받고 딸도 같은 날 학교에 안 가기로 의논했다는 것. 목요일 비행기로 저녁 늦게 도착하게 될 거라는 얘기다.

손녀가 갖고 온 암 강아지는 온몸이 하얗다. "두식"이라 부른다.

태어난 지 한 해쯤 지났고 더 자라 않는 다며 장난감처럼 귀엽단다. 강아지용 배낭 속에 넣으니 쉽게 비행기에 탈 수 있어 걱정을 덜었다고 했다. 아무리 정겨워도 그렇지, 강아지를 방 안 구석에 위생용 종이를 펴놓아 대소변 보고 밤에 손녀와 잤다. 사랑하는 애완동물이지만 지나치다는 생각이 들었으나, 그러려니 넘겼다. 손녀는 하나다. 사춘기 무렵 한때 방황했었다. 아들 내외가 오랫동안 걱정하고 힘들어했었다. 애완견이 오면서 마음의 안정을 되찾는 것 같다며 며느리도 싫지 않은 내색이다.

금요일 아내 생일날 아침, 봄 날씨처럼 하늘은 푸르고 따스해 바다도 잔잔하다. 아들 내외가 "가파도에 가 봤으면 좋겠는데 어떻습니까?" 한다. 아내와 나는 한 번도 못 가 봤다. 마침 가 보고 싶었는데 고맙다고 했다. 엊저녁 빌린 렌터카에 다섯 사람 앉으니 차 안이 꽉 차다.

가파도 가는 배는 하루에 오전 두 번, 오후 두 번이다. 제주시에서 대정읍 운진항 포구까지 약 45km다. 버스로 대략 한 시간쯤이다. 렌터카로 50분 걸렸다. 오후 두 시 운진항에서 출발한 배는 10분 만에 가파도에 내렸다. 한눈에 들어오는 건 자연석으로 나란히 세로로 세운 비석 모양의 '가파도'와 '친환경 명품 섬'이었다. 오른쪽 조금 지나 사각형으로 된 널빤지에 페인트로 쓴 글자가 보였다. '대한민국에서 최고 높은 한라산.'은 작게, 그 밑에 '대한민국에서 가장 키 작은 섬 가파도.' 라고 크게 썼다. 조금 지나 오른쪽엔 바다를 향해 서 있는 묵직한 "돌하르방"이 어서 오라는 듯 두 손 모아 반긴다.

집마다 빨랫줄엔 오렌지색 해녀 복 스펀지 형태의 고무 옷이 솔솔 부는 바람에 펄럭인다. 하지만 인기척은 별로 없다.

농업은 부업이고 어업이 본업이다. 1842년 국유목장으로 조성되면서 사람이 거주하기 시작했다고 한다. 대체로 따뜻하고 비가 많은 해양성기후다.

가장 먼저 봄소식을 전해 주는 청보리 섬, 매년 사월 청보리 축제가 열린다. 색깔 있고 디자인이 있는 섬이란다. 시간이 모자랄 것 같아 중간 샛길로 들어섰다. 길모퉁이에 초가지붕은 사라지고 오래전 사용했던 말 방앗간이 옛 주인을 기다리는 듯 초라한 모습이 씁쓸하다. 온통 파릇파릇 보리밭이다. 중간쯤 지나자 가파초등학교다. 울타리 어린나무 틈에 바람개비 몇 개 빠르게 돌고, 푸른 잔디운동장이 시원하고 깔끔하다.

점심시간 지났으니 출출하다. '가파도 짜장집'에 들렀다. 짜장 위에 얹은 싱싱한 미역, 작은 게가 먹음직스럽다. 보기만 해도 입맛을 돋운다. 배고파야 맛있다는 말처럼 한 그릇 비웠다. 시계를 보며 포구에 늦지 않게 도착하려고 해변 따라 빠르게 걸었다. 바닷가에 쓰레기가 별로 보이지 않아 마을 사람들이 자주 청소하는 것 같았다. 잔디 위 쑥부쟁이는 바람 가는 길 따라 꽃잎이 흔들린다. 돌 틈에 번영 초와 방풍이 싱싱한 모습으로 자기처럼 겨울을 이겨내라고 뽐낸다. 어르신들은 서둘지 않으면 두 시간 안에 점심 해결하고 돌아보기엔 힘들 것 같다. 오후 네 시 십 분에 가파도를 떠나 이십 분에 운진항에 내렸다. 관광객이 겨우 스무 명 내외로 보였다. 겨울이라 그런지 한가한 분위기다. 집에 들어서자 어스름하다.

유쾌한 하루였다. 가장 소중한 사람이 지금 내 곁을 지켜주는 걸 가끔 잊을 때가 있다. 등잔 밑이 어둡다는 말, 지나고 나야 느낀다. 너무 가까이 있기에 중요함을 모르고 지나쳐 버린 세월, 주어진 시간은 생각보다 그리 넉넉지 않으리라. 지난 세월은 잠시 스쳤을 뿐, 흘러간 세월은 잡을 수 없듯. 보이지 않는 시간이 오가고 오늘 뒤에 내일이 오듯. 삶도 그렇다. 다가오는 세월 외로운 줄다리기는 누구도 모른다.

지난날 서유석의 노래 '가는 세월'이 떠오른다.

'가는 세월 그 누가 막을 수가 있나요./ 흘러가는 시냇물을 잡을 수가 있나요./ 아가들이 자라나서 어른이 되듯이/ 슬픔과 행복 속에 우리도 변했구려…'.

이 노래를 들을 때마다 가는 세월이 무상함을 느낀다. 젊음이 빨리 지났다는 걸 실감하는데 걸리는 시간이 그렇게 길지 않았다.

인생길은 혼자 가는 길이다. 세월은 인생의 꽃이 되거나, 어쩔 수 없는 운명일 수도 있다. 수명이 100세 시대가 됐다고 좋아한다. 그렇지만 80 무렵 건강하게 살다 떠나기를 바라는 여론조사 결과도 나왔다. 지나침은 모자람만 못하다는 말처럼 분수에 알맞게 지내다 조용히 세상 떠나기 바라는 마음이다.

짧은 하루다. 같이 다닐 수 있는 사람, 곁에 아내가 있어 행복하다.

내년 봄 청보리 섬에 보리 향 휘날릴 때 다시 아내와 그곳에 가고 싶다. (2018)

할머니의 사랑

올 추석은 날씨가 따뜻했다.

온 가족이 모이니 방안 가득하다. 초저녁 왁자지껄 떠드는 소리에 정신없으나 눈이 즐겁고 마음도 흐뭇하다. 일 년에 모이는 기회는 두 번, 구정과 추석 때다. 자식이 아들 셋과 외동딸이다. 딸은 시집살이로 참석하는 기회가 드물다. 손자 둘에, 손녀는 하나다. 내가 자랄 땐 집안마다 아들을 무척 선호했었다. 우리 친족에도 딸은 있으나 대代 이을 아들 없어 양자로 먼 친족을 데려와 입양시켰다. 그 육촌 형님도 4·3사건으로 유복자 하나 남기고 젊은 나이에 세상을 등졌다.

추석 뒷날 맑은 날씨였다. 작은며느리가 한낮에 뜬금없이 어승생 가족 묘지에 가보고 싶단다. 렌터카를 추석전날 빌렸으니 여유가 있어 묘소도 돌아보고 오는 길에 메밀꽃잔치도 구경하겠다는 것이다. 며느리는 운전하고 아내와 함께 집에서 출발해 삼십분, 목적지에 도착했다.

묘지는 어승생 한울누리공원 서쪽 편 가깝다. 걸어서 오 분 거리다. 한울누리공원 주차장엔 택시와 개인 승용차로 빽빽하다. 관리원 두 사람이 정신없이 교통정리 하느라 바쁘다. 그들은 육지에서 내려온 기회에 조상님 모신 곳을 찾아온 것 같았다. 겨우 빈 곳을 찾아 주차했다.

2008년 3월 조부모님을 이곳에 먼저 이장했다. 묘지 매입이 어려웠다. 사촌형님은 서울에 살면서 반드시 지목이 묘인 토지를 사라는 고집이다. 내 과수원에도 남들이 묘 쓰면 좋겠다는 자리가 있다. 장손이라 내 맘대로 하고 싶었으나 사촌형님과 연령차가 많아 낯붉히지 않으려고 참았다. 근 보름 간 묘지 구하러 다니느라 육촌형님의 신세를 많이 졌다. 몸 사리지 않고 무척 노력해 줬다. 2007년 7월 제주시 연동 산 147-7번지. 255평 거금 주고 사들여 아들 삼형제 명의로 등기했다. 억새 베고 주변 정리하니 마음이 아늑해 흡족하다. 북쪽이 비스듬히 낮아 북향 묘가 어울릴 것 같았다. 인근 묘도 대부분 북향이다.

2014년 9월 증조부님과 배위 고씨 두 분과 홀로 지내던 둘째 조부, 혼전에 돌아간 할머니 모두 다섯 위 묘를 같은 날 옮겼다. 내가 살아 있을 때 과수원에 모신 부모님 묘도 이곳으로 이장할 일이 남았다.

조부모님께 절하고 할머니 묘소 옆에 앉아 먼 산을 바라본다. 푸른 하늘 새털 같은 흰 구름이 서쪽으로 서서히 흐른다. 할머니와의 추억이 무뜩무뜩 떠오른다.

위로 누님 넷, 여동생 둘이다. 다 세상 떠나고 혼자 남았다. 내가 태어나던 해 할머니는 일흔한 살, 정월 초이렛날 서산너머 초저녁 달이 기울기 직전이라 했다. 할머니는 이웃에 놀러 갔다 마당에 들어서는데 난데없는 아기 울음소리가 들렸다고 한다. 허겁지겁 안방으로 들어섰다. 희미한 등잔불에 살피니 고추가 달려 있었다고, 생전 이웃에 자랑했던 모습이 아직도 또렷하다.

그 때 아버지와 큰 어머니는 일본에 계셨다. 아버지는 제주에 자주 왕래하면서 몰래 작은마누라를 두고 나를 낳은 것이다. 내가 생후 여섯 달 무렵 어머니는 홀연히 아무런 얘기 없이 사라졌다고 한다. 당시 아버지는 마흔 네 살이었다. 그해 칠월 무더운 여름날 할아버지는 일흔. 다시 올 수 없는 길을 떠나셨다.

나는 할머니 덕분에 살아났다. 새벽이나 초저녁 또래가 있는 이웃집을 찾아 젖동냥 다녔다. 아침 아기 엄마는 밭일 나가므로 빨리 찾아가야 젖을 얻어 먹일 수 있었다. 늦으면 굶는 날이다. 간식도 없는 시절, 비 오는 날은 미음으로 허기를 달랬다고 했다. 설사하거나 감기 들면 할머니 등에 업혀 이웃 아저씨 집에 들러 침 맞던 일이 눈에 밟힌다. 그 집 문간에 들어서기 전에 앙탈 부리며 울던 기억이 생생하다.

늘 이웃에 우리 집 장손이라 자랑했고 무탈하게 자라기 바랐다. 그 당시 내 모습을 보는 사람마다 베만 볼록하고 뻐만 남아 살지 않을 것 같다고 했었다. 다섯 살 무렵의 기억, 할머니는 날마다 보리밥 짓는 도중 양은그릇에 산도 쌀 두어 줌 씻어 넣었다. 밥이 다될 무렵 종지에 참기름과 달걀, 짧게 자른 부추를 휘저어 밥솥 한구석 차지했다. 유일한 특식이었다. 산도 쌀, 참기름 냄새가 무척 좋아 입맛이 당겼다.

할머니는 늘 이웃이나 친족을 만나면 '요놈이 여남은 살쯤 될 때까진 살아야 할 텐데….' 걱정하셨다고 한다. 여섯 살 무렵 일본에서 아버지가 고향에 왔을 때 나를 일본에 데려가 키우겠다는 말을 들었다. 할머니는 도저히 안 된다고 반대하셨다. '일본에 가면 제대로 자라지 못하고 죽는다. 내손으로 키우겠으니 걱정 말라.'고 하셨다.

자라면서 일본에서 보내온 옷을 입었다. 또래들이 나를 보며 부러워했던 기억이 난다. 할머니는 일본에서 보낸 털실 내의에 보리 까끄라기가 붙어 떨어지지 않는다며 어느 봄날 털옷에 감물을 들였다. 그 옷 입고 걸으려니 사타구니가 몹시 아파 아기작아기작 걷는 모습을 보고 친구들이 놀려댔다. 옷에 보리 까끄라기는 붙지 않았으나 요즘 친구들 모인 자리에서 지난날 얘기하면 한바탕 웃기도 한다. "할머니 저 키우느라 얼마나 힘드셨습니까. 그 은혜 잊을 수 없습니다." 입대할 무렵 할머니께 큰절 드릴 때 손잡고 "이제 너와 마지막이구나." 울먹이던 그 모습 생생하다. 작별하고 두 달 영원한 길 떠날 때 물 한 모금 드리지 못해 마음 쓰리다. 손자 마음 이해하실 것이다. 스물두 살 입대할 때 할머니 아흔둘. 바깥출입 할 수 없는 몸이 됐다.

할머니의 사랑 받으며 자란 손자 어느새 여든, 나이 들수록 시간은 짧고 세월이 무상하다. (2018)

6.

10월 단상

나이 유감
국기게양일과 기념일
과욕
고이 잠드소서
거짓말
감귤나무 수난
10월 단상
마음을 열어야
마지막 길 봉정암

나이 유감

피할 수 없는 게 나이다.

제주도는 2017년 8월부터 '제주교통복지카드' 제도를 시행하고 있다. 관련 정보를 체계적으로 파악할 수 있도록 만든 교통지원 시스템이다. 도내 무임 이용 대상은 70세 이상인 사람, 등록 장애인과 국가유공자로 약 10만여 명이란다.

많은 분이 대중교통을 이용한다면 교통 혼잡을 줄일 수 있다. 이를 해소하기 위해 지난해 9월부터 '렌터카 총량제'를 시행, 렌터카 감차를 추진 중이다. 3만2,000여 대에 이르는 렌터카 중 7000여 대를 줄여 2만5,000대로 낮춘다는 방침이다. 원활한 감차 계획에 대형업체들의 참여가 저조하단다. 여러 달 지났어도 별다른 진전의 기미가 보이지 않고 있다는 얘기다.

얼마 전 76세 택시기사가 극단적 선택을 했다. '타다'라는 차량 공유 서비스를 비판하며 세상을 떴다. 차량 공유 서비스 확산에 따른 택시업계의 반발이 빚은 극단적 선택이다. 소셜미디어에서는 "76세가 뭔 운전이냐, 면허증 반납이나 해라, 70세 이상은 정신감정에 운전면허 일 년에 세 번 갱신하게 하라."는 힐난이 적지 않다.

나이 들면 들수록 인지능력이 떨어지는 건 불가피한 현상이다. 그러나 그렇다고 죽음을 깎아내리거나 조롱할 순 없다. 내 아버지였대도 그랬을까. 노년이 돼서도 일할 수밖에 없는 상황에 대해 왜 고민하지 않나. 하루 24시간은 누구에게나 똑같다.

하지만 시간이 누적되면 될수록 인생이라는 열차의 속도는 빠르다. 10대 때는 "언제 어른이 되나."라며 기다리는 완행열차다. 어른이 된 후부터는 KTX급으로 바뀐다. 늦었다고 생각할 때가 가장 빠른 때라는 말이 있다. 공부, 취업, 인간관계 같은 뜻대로 되지 않은 삶에 대한 위로이자 처방이다. 인생 종착역 마중차가 행복이든 불행이든 흔쾌히 웃으며 마주할 체력을 지금부터라도 키워야지.

남들은 차를 운전하지 않고 어째서 걷느냐고 한다. 올래길 걷는 기분으로 오늘도 오르막 농장 길을 힘차게 내딛는다. 건강할 때 건강을 지키려고.

나이는 죄가 아니다. (2019)

국기게양일과 기념일

2019년 7월 17일은 제헌절 71주년 기념일이다.

1948년 7월 17일 대한민국 헌법을 공포한 날을 국경일로 지정했다. 헌법이 제정, 공포된 것을 축하하고 이를 수호하고자 만든 날이다. 1949년부터 계속 5대 국경일로 공휴일이었다. 그 후 주5일제 시행과 2006년 한글날이 국경일로 되면서 제헌절은 2008년부터 법정 공휴일에서 제외됐다. 하지만 3·1절, 광복절, 개천절, 한글날과 함께 5대 국경일로 대한민국국기법에 따라 국기를 게양해야 한다.

내가 사는 곳은 서사라 도로변 단층 콘크리트 집이다. 늦은 아침 태극기를 대문 입구 왼쪽에 매달자 산들바람에 가볍게 나부꼈다. 한낮 볼일이 있어 시내버스 정류소로 가는 길에 주변을 살펴봤다. 가정집이나 아파트, 다세대 주택에 태극기를 매달아 놓은 곳이 가물에 콩 나듯 눈여겨봐도 열 집에 한 집쯤 보일까 말까다. 제헌절이 공휴일에서 제외돼 잊었거나 그 의미도 퇴색해 가는 듯하다. 국경일과 공휴일 두 단어는 비슷해 보이지만 뜻이 다르다. 흔히 달력에 표시한 빨간 날로 알고 있는 경우가 많다. 국경일은 해당 관련법에 따라 국가가 기념일로 지정한 날이다. 일요일과 빨간 날로 지정된 날은 공식적으로 쉬는 휴일을 말한다.

제헌절은 대한민국 헌법 공포를 기념하는 날로 법 중에 가장 높은 법은 헌법이다. 헌법을 바꾸려면 국민이 투표를 해야 할 만큼 가장 상위에 있는 법 아닌가. 국가를 이룩하려면 헌법이 굳건히 자리를 지키고 있어야 그를 토대로 여러 가지 법들을 만들 수 있다. 이러한 헌법을 처음으로 공포한 날이 제헌절이다.

공휴일은 일요일, 1월 1일, 설날 전후 2일, 3·1절, 석가탄신일, 어린이날, 광복절 현충일, 추석 전후 2일, 한글날, 성탄절이다.

매년 10월 1일은 국군의 날로 군의 위용과 발전을 기리기 위한 기념일이다. 해방 후 군별로 기념일이 달랐지만, 1956년 육·해·공군의 기념일을 통합, 6·25 전쟁 때 최초로 38선을 돌파한 10월 1일을 기념하여 국군의 날로 삼았다. 이후 계속 법정기념일로 공휴일이었으나, 1990년 법정공휴일에서 빼 버렸다. 이날은 기념행사와 시가행진 같은 다양한 행사를 펼쳐졌었다. 국군의 날에도 국기를 게양해야 한다. 또한 10월 24일은 국제연합일 또는 UN데이라고 했다. 1950년 9월 법정공휴일로 지정 했다가 1976년 9월 3일 법정공휴일에서 제외 됐다. 하지만 달력에는 국제연합일로 표시돼 있다.

태극기는 깃봉과 기폭 사이를 떼지 않고 게양한다. 게양 시간은 보통 오전 7시부터 오후 6시까지다. 만일 심한 눈·비와 바람이 있을 때 태극기 훼손이 우려되는 경우는 달지 않는 것이 원칙이다. 집 밖에서 바라볼 때 대문의 중앙이나 왼쪽에 달아야 하고 차량은 전면에서 봤을 때 왼쪽에 단다.

정부가 따로 지정하는 날, 국장·국민장 기간은 조기로 게양한다. 현충일에는 기폭의 세로만큼 내려 단다. 완전한 조기를 달 수 없는 경우 조기임을 알아볼 수 있을 정도로 최대한 내려 단다.

국민들이 국경일 또는 국기를 달아야 할 날에 달지 않은 까닭은 무관심이다. 국기에 대한 인식부족과 정부와 교육당국이 소홀하게 다루지 않았나 하는 생각이 든다. 국민들은 언제든 맘에 들면 다한다. 월드컵 때 누가 안 시켜도 태극기 들고 거리로 광장으로 나왔다. 나라가 자랑스러우면 저절로 참여한다.

누구나 기본과 원칙이 통하는 사회를 바란다. 요즘 사회는 복잡하고 바쁘다. 삶이 바쁠수록 자신에게만 신경을 쓰게 된다. 모두 앞만 보고 걷는다. 언제부터인가 조직의 누구, 위계의 누구인가가 돼 간다. 따라서 주위에만 소홀해지는 것이 아니라 자신에게도 마찬가지다. 이때 삶의 소소한 행복들을 잃어 간다. 결국 모두의 행복이 사라지는 삭막한 사회가 될지도 모른다. 일상에서 기념일이 많다. 스승의 날, 어버이날 같은 기념일이 우리에게 주는 의미는 무엇인지.

바쁜 삶 속에서도 버둥거리면서 기념일을 축하하고 기억하는 일은 항상 주위를 돌아보고 싶은 까닭이다. 이런 의미에서 기념일은 일상 속의 쉼표와 같은 고마운 날이기도 하다. 앞만 보고 갈 것이 아니라 주위를 돌아보면 어떨까.

최근 발표한 OECD 가입국 중 우리나라 국민의 정부 신뢰도는 30%라고 한다. 사법제도 신뢰도는 밑바닥 수준이라니 부끄러운 일이다.

국기 게양은 어제 오늘의 문제가 아니다. 정부가 올바른 길로 나가야 할 때다. (2019)

과욕

세상에 태어나 과욕 없이 살아간다면 얼마나 좋을까.

마흔 해 전 농장을 시작할 무렵 자가용을 가진 사람은 별양 없었다. 시내에서 농장으로 갈 때는 너나없이 이른 아침 첫 시외버스를 탔다. 버스는 손님으로 가득하다. 밭에 가려면 터미널에서 서쪽 행 버스를 타고 반시간쯤 지나야 인근 마을에 도착했다. 한참 오르막길을 땀 흘리며 부지런히 걸어야 농장에 다다른다.

과수원을 시작할 때 어린 귤 묘목을 사들여 애지중지 키웠다. 잘 자라도록 때맞춰 넉넉히 거름도 줬다. 빨리 키우려고 요소 엽면 시비를 자주 했다. 하지만 잎은 무성했으나 질소 비료 과용 탓에 웃자라고 연약해 보였다. 세찬 바람이 불면 가지는 휘어지거나 꺾이기 일쑤였다. 과욕을 부린 탓이다. 나무나 사람이나 적정량을 넘으면 탈난다.

나무를 처음 심을 무렵 근처 과수원 주인이 십여 년 생 귤나무를 팔겠다고 한다. 백여 본을 생각보다 좀 비싸게 샀다. 자란 나무라 이식하기 힘들 것 같았다. 이웃 마을 장정 몇 사람을 동원해 나무 밑동 흙을 파냈다. 예상외로 뿌리는 사방으로 넓게 퍼져 있었다. 밑동에 헌 가마니를 두르고 새끼줄로 단단히 묶어 도르래로 힘겹게 들어 올렸다. 제자리에 있는 나무를 뜬금없이 뽑았으니 생각보다 뿌리는 많이 잘리고 상처가 심했다. 상처 난 굵은 뿌리는 전지가위로 자르고 잔뿌리가 상하지 않도록 조심히 다뤘다. 곧바로 적당히 수형을 예상하며 겹친 주지와 잔가지를 가지치기하니 나무의 부피는 절반으로 줄어들었다.

힘들게 이식한 나무는 키우는 동안 많은 어려움을 겪었다. 잘 자라는 듯했으나 해마다 봄이면 죽어가는 가지를 다듬었으니 나무는 점점 작아지는 것만 같았다. 제자리에 있어야 할 나무를 억지로 옮겼으니 순조롭게 자랄 리 만무하다. 그 뒤 나무는 상처를 극복하며 계절에 적응해 갔다. 내 욕망이 나무를 힘들게 했다. 이따금 시름시름 앓다가 죽는 나무를 볼 땐 마음이 애잔했다.

돌이켜보면 묘목을 키울 때 남들처럼 평범하지 못했다. 내 생각만 했을 뿐 분수도 모르고 덤벙댔으니 나무가 수난을 겪을 수밖에. 그러잖아도 때가 되면 자라는 걸 그때는 왜 그랬는지, 과욕 탓이었을 것이다. 오 년쯤 지나 귤이 조금씩 달릴 무렵 애들은 좋아했고 일요일엔 농장에 가겠다며 따라나서곤 했다.

지나침은 모자람만 못하다고 한다. 욕심 없는 사람 없듯, 분수를 알고 욕심의 한계를 지켜 자제할 줄 알면 좋으련만 그렇지 못하다.

인생이란 자신의 알맞은 속도로 달려야 긴 여정을 완주할 수 있다. 적당한 속도는 기본이다. 나만 잘 살면 된다는 지나친 자기만족은 과욕으로 이어져 많은 사람을 힘들게 한다. 내게 기쁜 일도 상대방의 마음을 상하게 하거나 우울하게 할 수가 있다. 어려울수록 자기만족을 줄이고 절제한다면 더불어 즐겁다. 음식도 지나치면 아프거나 병들어 만병의 원인이 되고 괴롭다. 뭐든지 자기 몸에 맞추면. 좋다.

운동도 자기 몸 생각 않고 밤낮으로 무리하면 관절의 노화가 빨라지고 피로가 쉽게 온다. 좋은 일도 한꺼번에 다하려 말고 시간을 두고 지혜롭게 대처할 줄 알아야 자신도 부담이 덜 되고 계속할 수 있다. 남을 힘들게 하는 삶은 모래 위에 쌓은 집처럼 어느 순간 허물어지고 허망함을 맛볼 수밖에 없다.

지난날 묘목을 키우며, 자란나무를 옮겨 심을 때가 생각난다. 어째서 남보다 앞서려고 우매한 행동을 했는지, 지나고 나면 별일도 아닌 일에 안달했으니 분수를 모르고 덤벙대던 철없는 시절이 아니었나 싶다.

욕심이 지나치면 과욕으로 이어지고 외나무다리를 건너듯 위태롭다. 자신의 형편에 따라 기준을 잡는다면 과욕은 사라지고 불행을 멀리할 수 있을 것이다. 나이 들수록 탐욕을 버리고 스스로 만족할 줄 알면 언제나 즐겁다. 불행을 피하려면 과욕을 버려야 한다.

분수를 일탈하지 않는 것, 자연의 질서에 따라야 함을 알면서도 지키기란 녹록지 않다. (2017)

고이 잠드소서

문득 육촌 형님 모습이 떠오른다. 지금도 곁에 있구나 하는 생각에 사로잡는다. 지난날 온정 잊을 수 없다. 형님이 세상 등진 지 벌써 여섯 달 지났다.

사촌 형님은 서울에 살고 종사 문제는 전화로 얘길 나눴다. 나는 장손이다. 더구나 연치가 열일곱 살 위여서 좀처럼 말 나누기가 쑥스럽다.

지금부터 십여 년 전이다. 조모님 이묘 문제로 무척 고민했고 어려움 겪었다. 갑자기 묘소를 옮겨야 할 처지에 놓였다. 감귤 제4 유통센터가 들어서면서 반드시 이묘해 달라고 관련 부서에서 사정해 온다. 막무가내로 버티려고 했지만, 주변 여건을 생각한다면 그럴 형편이 아니었다. 사촌 형님은 서울에서 전화로 밭 전체가 지목이 묘로 된 땅을 반드시 사라는 조건을 달았다. 내 뜻대로 하고 싶었으나 워낙 나이차가 심해 얼굴 붉히지 않으려 무척 참았다.

조모님 이묘 문제로 육촌형님 모시고 묏자리 구하러 다니느라 동분서주했던 일이 엊그제 같다. 그 당시 이맘때쯤 초여름 더위에 한림읍 금악리 지경 북제주군이 묘지를 조성해 분양했다는 소식 듣고 사흘간 드나들며 헤맸던 일이 떠오른다. 의심스러워 매립지에 호미로 오십 센티쯤 팠더니 암반이 나타나 포기했다. 나중에 아는 지관에게 물어본즉 묘 쓸 만한 자리는 다 팔렸다는 것이었다. 계속 해안동과 아흔아홉골 일대, 무려 열흘 이상 돌아다니며 수고해 주신 그 은혜 평생 잊을 수 없다.

형님은 조모님 모실 곳을 돌아본 중 아흔아홉골 이곳 위치가 제일 좋으니 무조건 사라고 하셨다. 당시 거금 주고 개간해 놓고 보니 마음이 흡족했다. 조모님과 같은 날 조부님 묘까지 나란히 쌍 묘로 모시고 비석 세우니 아늑하고 시원해 편안한 느낌이 든다.

묘지는 연동 산 147의 7이다. 255평 아들 3형제 이름으로 등기해 뒀다. 위치는 충혼각 동쪽 편 이백여 미터쯤 된다. 요즘 새로 조성된 한울누리 공원과 가까운 거리다. 지금은 예초기로 혼자 잡초 벤다. 아내는 베어놓은 풀을 모아 묘역 밖으로 내친다. 아마 앞으로 오 년쯤 혼자 할 수 있을 것 같으나 혹여 내일 일은 아무도 모른다.

형님은 종친 집안 애사 때 먼저 앞장섰다. 3대 독자로 자라 대사 치를 때 근족이 없어 서러웠다는 얘기를 자주 했었다. 상주를 불러 장례 시 직접 노트에 일의 절차를 기록해 자세히 설명했다. 가정 형편에 알맞게 지내는 것이 도리라고 일렀다. 계획된 시간 철저히 지켰고 정해진 시각보다 항상 2, 30분 먼저 나와 점검해야만 직성 풀리는 분이다.

형님 떠났으니 이제 내가 나이 많다. 근족의 종사 일은 내 몫이 됐다. 집안의 연장자 나잇값 하려면 먼저 지혜가 있어야 하는데 아직 설익은 풋과일이라 모자란 점이 많음을 느낀다.

1990년 가을 무렵 어머니가 돌아가셨다. 당시 보통 초하룻날 삭제 지내고 소상 때 야제로 탈상하는 게 일반적이었다. 우리 집은 유별나게 한 달에 두 번 삭망제 지냈다. 형님은 도외 출장 갈 경우가 아니면 일찍 출근하면서 참례했다. 사촌 형님은 시내 살면서도 무관심해 참석하는 기회가 별반 없었다.

갑자기 지난해 시월 말일 형님은 배가 몹시 아파 S중앙병원에 응급실로 실려 갔다. 하룻밤 지낸 뒤에야 맹장이 터졌으니 당장 수술해야 한다는 얘기다. 평소 건강한 편으로 구순까지 지내리라 짐작했었다. 산소마스크 쓰고 40여 일 응급실에서 지냈다. 한 달여 지나자 손, 발 등이 부어오르기 시작했다. 왼 손목 잡으니 내 손 불끈 쥐었다.

돌아가기 사흘 전쯤 독실로 옮겨 있었다. 간호사에게 물으니 면역력이 떨어져 별도 관리해야 한다는 것이다. 산소마스크도 못 벗은 채 자식들에게 유언 한마디 남기지 못하고 12월 9일 새벽 두시 오십분 여든일곱 일기로 숨을 거뒀다.

아마도 맹장 수술 부위도 아물지 않았을지도 모른다. 금요일 운명해 토요일 일포제 지내고 일요일 가족묘지에 안장했다. 부고 한번

내지 못하고 다시 못 올 영원한 길, 혼자 훌훌히 떠나셨다.

형님은 내가 건강할 때 부모님 묘소를 이장하면 같이 도울 테니 서두르라고 하셨다. 부모님 묘소를 빨리 아흔아홉골 가족묘지로 옮기라고 해도 별 관심 두지 않았다.

요즘 들어 형님 말씀 새록새록 귓전을 울린다. 갈 길 멀지 않았음을 알려 주는 신호였을까. 형수님 먼저 보내고 아들 따라 서울로 거처를 옮길 것 같았으나 혼자 의식주 해결했다. 아내 떠난 지 한해 무렵 운명하셨다.

형님은 삼대독자다. 내게 넷째 조부님이 양자 가셨고 형님의 조부다. 아버지 일찍 여의고 홀어머니 밑에서 자랐다. 머리는 영리한 것 같다. 가방끈이 짧아 겨우 중학교 졸업했지만, 말단 임시직원으로 직장에 발 디뎠다. 영특한 분이다. 꾸준히 계단을 밟으며 피나는 노력, 말년 제주도교육청 관리국장직에서 정년퇴임하셨다.

가족으로 아들 셋, 딸 셋 뒀으니 다복하다. 큰아들이 곁에서 임종 때 지켰다. 아들 둘은 서울의 S대학에서 교수로 재직 중이며 막내는 건축사로 종사하고 있다.

형님의 후손 아들, 딸, 며느리. 사위, 손주들이 기대에 어긋나지 않게 뜻을 이어 갈 것이다.

이제 모든 일 다 내려놓으시고, 달 밝은 고요한 밤 가을 풀벌레 소리 벗 삼아 형수님 곁에서 편히 고이 잠드소서. (2018)

거짓말

여태껏 한 번도 거짓말을 하지 않은 사람은 없을 것이다.

누구나 의례적인 인사나 태도, 표정을 통해 원만한 인간관계를 유지하려고 거짓으로 위장할 때가 있다. 때로는 가까운 사람을 도우려거나 자신을 보호하기 위해, 남의 이목을 의식해서 하는 경우도 수두룩하다.

하루에 몇 번쯤 거짓말할까. 한 번도 없었다면, 생활에 문제가 있거나 거짓말일 확률이 높다. 어릴 때부터 거짓말은 나쁜 것이라고 배웠다. 하지만 사실을 축소·과장·왜곡·은폐하는 일은 일상에서 자주 일어난다. 심리학자에 따르면, 누구나 하루 평균 대화에서 무려 200번, 또는 십 분의 대화에서 대략 한두 번의 거짓말을 한다는 것이다.

언제부터인가 사회는 거짓말하는 것이 당연한 것으로 자리 잡았다. 이제는 그렇게 해도 의레 그러려니, 체념해 버리고 크게 비난조차 않는다. 거짓말은 일부 정치인들의 것으로 치부됐으나 지금은 사회의 저변, 일상에 광범위하게 퍼져 있는 듯하다.

대부분 사람들은 남의 아기를 예쁘다고 칭찬한다. 이런 감탄사는 열에 아홉은 거짓말이 아닐까. 유모차에 타고 있는 아기라고 할지라도 이런 칭찬은 절반 이상이 거짓일 가능성이 크다. 탄성이 터질 정도로 예쁘게 생긴 아기를 실제로 만날 기회는 그리 쉽지 않다. 굳이 칭찬하지 않더라도 못생겼다는 진실을 입 밖으로 꺼내지 않는다. 그게 인간관계를 지키는 예절이 아닐까. 세상은 거짓말로 가득하다. 아이들은 배우지 않았으나 남들이 버젓이 지켜보는 실수를 '내가 안 그랬어.'라는 말로 거침없이 한다.

학창 시절, 수업을 받던 때가 생각난다. 선생님은 학생들이 다들 알고 있을 것이라는 생각으로 휙휙 넘어간다. 한 학생이 "선생님, 다시 한 번만 설명해주십시오. 이해가 안됩니다." 얘기했다. 선생님은 이런 것도 모르느냐는 반응을 보이면서 "이해 안되는 사람, 솔직하게 손들어 봐." 하셨다. 처음에는 아무런 반응이 없던 학생들이 한둘 주섬주섬 손을 들기 시작했다. 나도 그 학생 중 하나였다.

우리는 모르는 것을 아는 척 넘어가거나 알게 모르게 일상생활 속에서 거짓말을 하며 지낸다. 때로는 직설적인 말이 상대방의 기분을 상하게 하거나 충격을 줄 것이라는 생각에 빙빙 돌려서 말하기도 하고, 오랜만에 만난 사람에게 멋있다는 말도 서슴지 않게 한다.

만우절이라는 것을 까마득하게 잊고 있는 친구에게 황당한 거짓말을 하면 깜빡 속아 넘어갈 때도 있었다. 오늘만은 거짓말을 해도 나무라지 않는다는 날로 알고 장난치는 건 보통이었다. 가볍게 웃어넘길 수 있는 화제는 즐거운 웃음꽃으로 마무리할 수 있었고 그렇지 않은 경우는 별로 없었던 것으로 기억된다.

선의의 거짓말은 우리에게 꼭 필요한 사회생활의 수단이지만, 세상에는 좋지 않은 거짓말도 넘쳐난다. '법 앞에 만인은 평등하다.'란 말이 있다. 이 말이 세상에서 가장 미화된 거짓말이라고 생각한다. 말 자체는 듣기 좋으나 현실에선 대부분 거짓말이 되는 경우를 볼 수 있다.

인간은 부패하고 나약한 존재인가. 고 성완종 경남기업 회장의 리스트에 올라 있는 인사들은 처음엔 하나같이 성 회장을 "잘 모른다." "만난 적 없다." "돈 받은 적 없다."고 했다. 이완구 전 총리는 돈을 받은 증거가 나오면 목숨까지 내놓겠다고 했다. 김기춘 전 청와대 비서실장은 만난 적 없다고 한다.

하지만 시간이 지나면서 그들의 말은 거짓임이 드러났다. 상황을 모면하기 위해 지금까지 쌓아 온 지위와 경력을 앞세워 국민에게 거짓말한 것이다. 당당하던 권위와 존엄은 찾아보기 어려웠다. 무엇이 그들을 초라한 거짓말쟁이로 만들었는가. 정당하지 못한 관계에서 일어난 일이다. 성 전 회장은 이윤을 추구하는 기업가다. 그가 정치인에게 접근하고 정치에 몸담은 것은 정치와 돈의 유착관계를 생리적으로 잘 알고 있었기 때문일 것이다.

정치는 돈이 아쉽고, 기업가는 돈으로 권력을 살 필요가 있었다. 사회의 비뚤어진 기업가 정신과 부패한 정치인들의 행태가 성완종 리스트로 드러났다. 리스트에 오른 정권 실세들의 거짓말은 참으로 국민을 우울하게 만들었다. 열심히 일하고 정직하게 살아가는 보통 사람들은 그들처럼 거짓말을 하지 않는다. 검은 거래를 할 돈도 없고, 돈으로 권력을 살 필요가 없는 까닭이다.

거짓말이 넘치는 세상. 권력 실세들의 어처구니없는 거짓말을 보면서 인간은 돈과 권력 앞에는 나약함이 드러났다. 정치와 돈의 속성상 아무런 대가 없이 거액을 정치인에게 건네는 기업가가 있을까. 기업가가 건네는 큰돈을 존경과 감사의 뜻으로 여겨 받았다면 그는 제 정신이 아닐 것이다.

진실만이 정도다. 인간은 늘 자신의 사상, 행동, 말이 옳다고 믿는다. 잘못됐다는 생각을 좀처럼 받아들이려 하지 않는다. 이번 성완종 사건을 계기로 정치권은 거짓말과 부패에서 벗어나는 회개 운동을 벌여야 한다. 정직을 신조로 삼아 돈과의 검은 유착 고리를 끊고, 나라를 깨끗하고 정직하게 이끌어 갈 책무를 다짐할 때다. 선진국과 후진국의 차이는 사회의 품격에 있다고 한다. 이제는 내면으로 성숙해야 할 시점이다.

선의의 거짓말, 아름다운 거짓말은 생활의 활력소가 될 터인즉 졸였던 마음의 문을 열어 한바탕 웃고 즐기는 하루였으면. (2015)

감귤나무 수난

안쓰럽다. 감귤나무에 눈이 간다. 일월 하순 들판에 대롱대롱 매달린 노란빛 열매는 구원의 손길을 바라고 있다. 나무는 안간힘을 다하지만, 체력의 한계를 버티지 못하는 모습이 역력하다.

감귤나무 심은 지 마흔 해가 지났다. 지난날 나무 키우느라 아내는 참 고생 많았다. 젊은 시절 한창때였다. 묘목 키울 때 어머니는 집에서 손자를 보고 아내는 여름철 이른 아침 시외버스로 삼십 분가량 타야 농장 가까운 마을에 다다랐다. 이어서 부지런히 오르막길을 또 한참 걸어야 밭에 도착한다. 조금이라도 더워지기 전에 빨리 끝내려고 부리나케 일을 마치고 집으로 돌아왔다며 이따금 회상에 잠기곤 한다.

과수원을 시작할 때 초겨울이면 묘목이 얼지 않도록 나무마다 비닐 포대로 감쌌다. 어린애 키우듯 애지중지 가꿨다. 묘목도 비싸기도 했지만 뽑아간다는 소문이 나돌아 나무 밑동에 페인트로 표시했었다. 돌이켜보면 어이없고 무모한 짓이라 절로 웃음이 나온다. 혹시나 표시하면 훔치는 사람도 양심의 가책을 느낄지도 모른다는 단순한 생각이었다. 도둑놈 하나에 잡는 놈, 열이라도 당하지 못하고, 도둑놈은 한 죄 잃은 놈은 열 죄라 했다. 의심은 금물.

새해인가 싶더니 어느새 한 달이 막바지다. 정유년 정월이다. 지난 동지섣달은 큰 추위 없이 무난히 넘겼으나, 아직도 나무에 매달린 열매를 볼 때 측은하다. 예년 같으면 벌써 수확해 잊어버릴 때다. 잎은 수분이 모자란 듯 움츠리고 열매는 노인의 손등처럼 쭈글쭈글 안타깝다.

올해 극조생 감귤 수확 무렵 유난히 열매가 썩어 극성을 부렸다. 나무 밑에 들어서면 열매 썩은 고약한 냄새가 풍겼다. 비 오는 날을 제외하고 아내와 시월 중순부터 십일월 중순까지 무려 한 달 간 귤을 땄다. 날씨도 봄날처럼 따뜻하고 일하기 좋았다.

지난해까지는 아내와 20kg 컨테이너 상자를 농업용 차에 가득 싣고 선과장 까지 운반한 뒤 내려놓았다. 해마다 힘들고 감귤 상자가 무거워지는 느낌이다. 농사란 체력이 따라줘야 수월하다. 한 해가 지날수록 체력의 한계를 느끼는 것 같아 나이는 못 속인다는 말을 실감하는 이즈음이다. 그래서 올해는 농협에서 알선하는 용역회사에 맡기니 농장에서 기사 혼자 싣고 간다. 마음이 한결 홀가분하다.

감귤은 한 해 너무 많이 달리면 다음 해 달리지 않는 습성을 지녔다. 조생은 예상 외로 많이 달린 편이다. 십이월부터 따기 시작해도 아내와 연말까지 마무리 못 할 것만 같다. 그러잖아도 신문이나 방송에서 올해는 감귤 과잉 생산이 우려되니 열매를 솎으라고 야단이다. 불볕더위 팔구월에 아내와 너무 작거나 큰 것, 병충해 입은 열매를 자세히 살피면서 땄다. 생각보다 오래 걸려 지루했지만, 수확 때 따서 버리는 것보다 시간도 절약되고 훨씬 이득이다.

어느 날 감귤 상인이 밭떼기 거래하자고 농장에 찾아왔다. 3.75kg에 얼마인지 물어봤다. 작년 거래금액의 절반으로 떨어졌다는 것이다. 아내와 약속한 금액을 말했다. 상인의 제시 금액과 예상외로 거리가 멀다. 몸 고생은 하겠지만 그대로 수확할까 망설였다. 그때 상인은 우리가 바라는 금액과 가깝게 제시했다. 겨울철 추위에 고생할 생각을 하니 좀 손해 보는 줄 알면서도 받아들였다. 대금은 뒷날 곧바로 통장으로 보내왔다.

문제가 생겼다. 일월도 하순이다. 감귤은 늦어도 일월 중순이면 수확을 끝내야 하는데 아직도 나무에 매달렸다. 상인에게 여러 차례 얘기했더니 책임지고 일월 말까지 끝내겠다는 확약을 받았다. 약속대로 하루에 여남은 명이 귤을 딴다는 연락이 왔다. 때마침 날씨가 좋아 농장에 들렀다. 인부는 인근 마을 사람들이라 손놀림이 빨라 하루에 많이 딸 것 같았다. 새가 구멍 내거나 썩은 것도 깨끗이 따 주도록 부탁했다. 나무에 두면 보기 싫거니와 지저분해 새들이 들락거린다. 그들은 나무 관리를 잘했다며 크고 작은 귤이 별로 없어 따기 편하단다. 썩은 것도 그다지 없고 귤이 외관상 깨끗하다며 농약을 자주 뿌렸느냐고 한다.

나무도 수명이 다하는 것 같다. 해마다 몹시 추운 겨울이 지나면 어린이 팔뚝만 한 멀쩡했던 가지가 시들면서 죽는다. 사람이나 나무도 매한가지, 종류에 따라 나이 들면 잔병도 늘고 추위에 견디는 힘이 약해지는가 보다. 자연의 순리는 거역할 수 없는 일이다. 지나치게 귤이 달리면 나무는 이듬해 봄 서서히 말라죽는 경우도 생긴다. 지나침은 모자람만 못한 걸 어쩌랴. 과욕을 부린 탓이다.

여태껏 감귤을 올해처럼 늦게 딴 적이 없었다. 늦어도 일월 초면 끝냈다. 사람이면 울고불고 애걸복걸 난리 날 것이다. 제 시기에 수확해야 나무도 피해를 덜 입는다. 나무야, 미안하다. 열매는 따고 나면 그만이다. 하지만 나무는 제자리에서 해마다 꽃피워 열매 맺어 농부의 마음을 기쁘게 하고 풍성한 수확을 안겨준다.

어간, 생활에 큰 도움을 받았다. 애들 셋이 서울에서 공부할 때 생활비와 집안 생계에 많은 혜택을 안겨줬다. 팔은 안으로 굽는다는 말처럼 사람은 자기 편의로 판단하고 행동하기 마련이다. 나와 아내가 조금 힘들어도 고생했더라면 나무는 덜 고통 받았을 텐데, 나무를 생각지 못하고 나만 편하면 된다는 아전인수 격이 되고 말았다. 한쪽이 편하면 다른 쪽은 괴롭다. 배려의 정신이 모자랐음이다. 올해 편히 쉬고 내년에 풍성한 결실이 있기를 바라지만 지나친 욕심은 금물이다. 농사는 자연이 짓는 일이라 누구도 모른다.

나무는 내 편견으로 혹독한 수난을 겪었다. 어떻게 보답할까. 묵묵부답이다. (2017)

10월 단상

지난날 연중 공휴일이 10월에 여러 날 있었다. 그때 쉬는 날이면 농장으로 가는 기회가 잦았었다.

귤나무 심어 오래지 않을 무렵 나뭇잎이 주인의 손길을 기다리는 것만 같았다. 묘목 키우느라 아내의 내공이 크다. 햇빛에 반짝이는 튼실한 잎사귀는 미래의 희망과 용기를 줬다. 쉬는 날 농장에 가지 않으면 어딘지 모르게 허전하고 불안했었다. 밭에서 잡다한 일을 하다 보면 시간 가는 줄도 모르고 저물어 버스 정류소로 걸음을 재촉했었다.

1일은 국군의 날, 3일은 개천절, 9일은 한글날, 24일은 유엔의 날, 지금은 국제연합일이다. 한 달에 공휴일이 네 번. 그중 국경일은 국가의 경사스러운 날이다. 시월에 이틀 국경일이 끼었으니 뜻 있는 달 아닌가. 법률로써 3·1절, 광복절, 개천절, 한글날을 4대 국경일로 제정해 정부는 이날을 매년 경축한다. 원래 제헌절 7월 17일도 국경일이었으나 2008년부터 제외됐다.

한글날은 1991년부터 법정 공휴일이 아닌 기념일로 바뀌었다. 이유는 공휴일이 많아 산업 경제발전에 저해된다며 국군의 날, 제헌절도 뺐다. 그러나 2006년 12월 8일 '관공서 공휴일에 대한 규정 일부 개정 법률안'이 국회 본회의에서 통과됐다. 이어 12월 24일 국무회의에서 의결해 2006년부터 법정 공휴일이 아닌 국경일이 된 것이다. 통화위원회는 2006년 한글날 선포 80돌을 맞아 국경일로 제정됐음을 축하하고 기념주화를 10월 9일 발행하기에 이르렀다. 광복절에 이은 두 번째 기념주화다. 15년 만에 일반기념일의 설움을 딛고 당당하게 온 겨레가 경하하는 잔칫날이 된 것이다.

국경일로 제정된 한글날은 국민 정서와 여론의 힘이 컸다. 더구나 지식인일수록 영어를 선호한다. 한글로 표현해도 통하는 단어를 영어로 쓰거나 말한다. 한글이 천대받고 있는 이때 한글날까지 없애면 한글이 언제 사라질지 모를 일이다. 한글 제대로 잘 쓸 자신 있는 사람 몇이나 될까. 국문학 교수도 틀리거나 더욱이 훈민정음으로 쓴 것은 못 읽는 이들이 많다지 않은가.

일제강점기 때 조상들은 한글을 지키려고 무척 힘썼다. 혹여 지금 쓰는 일부 언어들이 우리말이라 얘기하기엔 낯 뜨거울 때가 있다. 순수한 우리말이 있음에도 외래어를 혼용해 글을 쓴다. 꼭 그래야 사회의 지도층으로 우대 받고 싶은 것일까. 글 쓸 때마다 자주 문법과 받침이 헷갈린다. 글 쓰는 이는 올바른 우리말을 쓰는 데 앞장서야 하고 수범이 돼야 한다는 생각이다.

'절節'이란 논어에서 큰 행사를 의미하는 것으로 그 유래를 찾을 수 있다. 우리나라, 중국, 일본 같은 동양 문화권에서 '일日'보다 좀 격이 높은 경우에 사용한다. 따라서 정부는 관행적으로 국경일에만 사용하고 있다. 사례를 보면 중국 황제의 생일을 성절聖節 또는 만수절萬壽節, 황태자의 생일을 천추절千秋節, 고려 성종 임금님의 생일을 천춘절千春節, 일본 왕의 생일을 천장절天長節이라 했다.

기념일에 있는 '일'과 '날'은 한자와 한글의 사용상 차이일 뿐 별다른 의미가 없다고 한다. 다만, 기념일, 식목일, 탄생일, 현충일, 사변일 같은 관례로 사용해 고유명사화한 것은 그대로 쓰고 다른 것은 될 수 있으면 한글을 우선 사용한다.

10이란 묘한 숫자다. 끝인 것 같으나 다시 21, 31… 이어 간다. 건강할 수 있는 비결의 숫자로 '10'을 말한다. 하루에 자신의 건강관리, 가족과 함께하기, 하루 음식량 줄이기, 몸의 활력을 울리기 위해 10% 더 하거나 덜 하란다. 일상에서 10%를 휴식하라 권장한다. 연애할 때 "열 번 찍어 안 넘어가는 나무 없다."고 했었다.

가을은 마음의 열매를 수확하는 계절이다. 일상 사용하는 언어가 생각보다 깊은 의미로 다가온다. '열매'란 식물이 자라 열리는 결과물을 뜻하지만, 일반적으로 내가 일한 만큼 얻는 노력의 대가이기도 하다. '생산'이란 말도 필요한 물건을 만드는 의미지만 보이지 않는 가치를 창조해 낼 때도 쓰인다. 이런 단어를 떠올릴 때 자신을 돌이켜본다. 마음속 열매를 맺기 위해 얼마나 각고의 노력과 헌신적인 추진을 했었나. 끈질긴 집념이 부족해 수확의 열매도 쭉정이가 많아 부실하다. 마음의 열매를 수확할 때 느끼는 충만감은 잘 먹거나 배부른 것과 비교도 안될 만큼 커다란 만족감으로 다가온다. 농사도 바지런한 농부와 게으름뱅이가 똑같은 면적에서 거둬들이는 열매는 차이가 났었다.

시월이면 모든 시간을 한곳에 걸어두고 생각에 잠길 때가 있다. 가을볕처럼 따스하게 온기가 돌던 친구의 손이 그립다. 계절이 주는 풍요보다 마음의 헛헛함과 스산함이 빈자리를 채운다.

우리가 사용하는 수 체계의 기본은 10이다. 10개의 손가락에서 그 실마리를 찾지 않았을까. (2019)

마음을 열어야

조심하는 것은 마음에 있고 지키는 것은 행동에 있다는 말이 있다.

마음이란 무엇인가. 영어로는 마인드라고 하지만 마음에 대한 정의는 분명치 않다. 이제까지 기계론적인 입장에서 인간의 마음이란 개인이 철저하게 독립적인 것으로 생각해 왔다. 그래서 마음을 어떤 인간의 정체성이라고 생각할 때, 서로 완전히 분리된 존재로 여겼다. 그러나 최근에 이를 연구하는 인지심리학의 입장에서 우주의 모든 것과 열린 개방체로 보는 것이 새로운 시각이다.

사람의 성격은 다양하다. 재능이나 성품 취미 또한 다르다. '다른 것'은 '틀린 것'이 아니다. 다양성에 대한 이해는 공동체 정신의 꽃이다. 이해는 사랑과 용서의 출발점이다. 본래 식물은 성장과 번식의 원리를 동시에 지녔다. 인간은 식물이 가진 원리를 배우지 않으면 안 된다. 그 속에는 자연이 주는 법칙이 들어 있다. 또한, 인간은 본능 이상의 마음이 있어 끊임없이 무엇인가를 추구하려고 한다. 하지만 이 모든 것은 건강이 전제돼야만 가능하다. 건강하지 못하면 명예, 덕망, 재물도 한갓 허물에 불과할 뿐이다.

개는 몸이 아프면 굶거나 풀을 뜯는다. 먹을 것과 먹지 못할 것을 가리고 양을 조절할 줄 안다. 그리고 때가 되면 동물은 흔적을 남기지 않기 위해 죽을 장소를 찾아간다. 자연사한 동물의 흔적을 찾기 힘든 것도 바로 이 까닭이다. 이와 달리 인간은 죽음의 때를 알지 못한다. 의사가 건강이 위험하다고 할 때 비로소 알게 된다. 마음의 평안을 얻기 위해서는 무엇보다 건강해야 한다. 매일 잔병치레를 하거나 큰 병을 앓고 있다면 마음의 평안을 기대할 수 없다. 돈과 재물도 그림의 떡에 불과하다. 불교에서 말하는 수행의 가장 큰 덕목도 건강이다. 건강 못하면 수행도 할 수 없다.

삶에서 유머와 미소는 딱딱한 생활을 부드럽게 하는 요소라고 생각한다. 유머는 긴장을 풀어 주고 스트레스를 해소하는 가장 좋은 활력소다. 세계인들이 덩샤오핑에게 주목하는 두 가지가 있었다. 뛰어난 유머 감각과 포용심이다. 그는 숱한 실패와 좌절 속에서도 유머를 잃지 않았다. 소년처럼 유머로 삶을 풍요롭게 채웠다. 그리고 모택동 시대에 괴로움을 겪었지만 그를 부정하거나 비난하지 않았다. 오히려 그의 동상을 세웠고 전대의 정신과 지혜를 받들었다. 그 덕분에 십오 억 인구가 하나로 뭉쳐 힘을 발휘하는 원동력이 됐다.

어쩌면 우리는 너무나 자기 잣대로만 모든 것을 재려는 극단적 이기주의를 신봉하고 있는 것은 아닌지 모르겠다. 내 마음을 먼저 여는 믿음이야말로 적극적 삶의 시발점이 아닐까. 자존심은 타인이 나를 존중해 주길 바라는 마음이고, 자존감은 자신의 존재 가치를 인정하고 나를 사랑하는 마음이다.

마음의 상처는 말로써 생기는 경우가 흔하다. 말하는 사람은 무심코 했지만, 피해를 본 당사자는 말도 못하고 끙끙거릴 때가 있다. 부모와 형제간에도 무의식중에 하는 말이 송곳이 되어 가슴을 찌르고 상처가 되기도 한다. 다정한 친구 사이라고 쉽게 하는 말이 부담되어 서먹한 관계가 되기도 한다.

벽은 안과 밖을 차단한다. 그러나 창문은 소통하기 위해 만든다. 차단과 소통은 우리의 마음에도 있다. 마음의 문을 닫고 보는 세상과 열고 보는 세상은 표현할 수 없을 만큼 큰 차이가 있다. 마음이 즐거우면 세상도 아름답게 보이지만, 우울한 마음으로 보면 쓸쓸하고 허무하게만 느껴질 것이다. 이렇듯 어떤 마음을 갖느냐에 따라 사물에 대한 가치 부여가 다르게 나타난다. 마음이 행동을 지배하기 때문이다. 수시로 변하는 게 마음이지만 삶에서 올곧음은 참으로 중요하다. 마음을 닫고 보면 부정적이고 비판적일 수밖에 없다. 자기 잘못은 생각지 않고 남은 틀리고 나는 옳다는 그릇된 이분법적 판단을 하기 쉽다. 원인을 핑계 삼고 이유를 전가하게 된다. 이웃과 타협할 줄 모르고 아집만 키운다. 결국, 마음에 불씨를 키워 인과관계를 악화시키고 반목과 독선으로 갈 수 있다.

그러나 마음을 열고 보면 긍정적이고 희망적일 것이다. '내 탓이오.' 하는 말처럼 남의 작은 허물이나 잘못도 마치 내가 원인인 것처럼 상대방을 감싸 안아야 한다. 이웃을 사랑하고 상대방을 이해하며 협동하고 화합하는 마음은 더불어 아름다운 사회를 만들어 간다. 열린 마음이 평화를 가져오듯 자신을 내려놓는 데서 시발점이 된다.

요즘 딸을 결혼시키면 아들을 얻고, 아들을 결혼시키면 아들을 뺏긴다는 말을 자주 듣는다. 세상의 변화로 여성의 권한이 커진 탓도 있겠지만, 고부간 갈등이 우상처럼 자리 잡아 매듭이 풀리지 않는 세태다. 말 못하고 사는 시어머니가 넘쳐나는 것 같다. 부모는 자식에게 모두 주고 싶은 마음뿐일 텐데, 받는 것 자체를 간섭의 빌미로 여겨 일절 거부하고 전화 한 통 없이 살아가는 며느리들이 늘고 있다니 닫힌 마음이 아닐는지. 한 번쯤 생각해 봤으면 어떨까. 마음이 열려야 행복한 가정도 만들 수 있다. 사회생활은 이웃과의 접촉이다. 좋은 일만 있는 게 아니다. 다툼도 있고 미움도 따른다. 매일 만나는 수많은 사람 중 내 생각과 일치하는 사람은 하나도 없다. 자라난 환경이나 살아온 방식도 다르다. 직장이나 사회에서 잘못 얽혔던 일들이 마음속 응어리로 남았다면 그것은 대개 자신의 닫힌 마음에서 오는 괴로움이다. 괴로움의 불씨가 화로 번지면 자신과 이웃의 평화를 깨뜨리기 십상이다.

내 응어리는 얼마쯤 남아 있을까. 옹졸했던 지난 일을 반성하고 이제부터라도 이해하고 용서하는 열린 마음으로 다가가려 한다. 습관을 바꾸는 것은 어려운 숙제지만 마음을 열어 이웃 사랑을 넓혀 나가야겠다. 비우면 가볍고 버리면 깨끗해진다.

마음을 열어야 행복이 찾아든다. (2017)

마지막 길 봉정암

올해 산수다. 조물주는 빈부격차 가리지 않고 아무런 노력 없어도 똑같이 주는 게 나이다.

5월 중순부터 봉정암 가려고 이른 새벽 중앙초등학교 운동장에 나가 열심히 걸었다. 아무래도 나이는 못 속이는 요즘이다. 젊은이는 걷는데 난 잰걸음이다.

5월 말일 아침 7시 성판악에서 한라산 정상을 향해 출발이다. 아내는 정상가기 전 진달래밭에 가면 무리하지 말고 오란다. 10시경에 진달래밭에 이르러 아내에게 전화해 정상까지 간다고 했다. 11시 무렵 백록담에 도착해 아내에게 정상에 왔노라고 통화하니 기분이 상쾌하다. 올라가는데 세 시간 반, 내려오며 여섯 시간 걸었다.

내려올 때 일행과 세 시간쯤 나란히 걸었으나 그 뒤부터 점점 거리가 멀어졌다. 집에 도착하자 온몸이 노곤하다.

2박 3일 간 먼 거리를 걸었다. 칠월 팔 일 아침 제주공항을 떠나 낮 무렵 김포공항에 내렸다. 시외버스로 백담사에 도착했다. 강원도 인제군 백담사를 지나 영시암을 거쳐 오세암에서 1박 했다. 다음날 아침 다섯 시 반 봉정암 가는 길은 세상에서 가장 아름다운 길이다. 티베트인들이 카일리쉬산을 순례하는 것이나, 한국불교 신자들이 봉정암 오르는 것은 비슷하다는 생각이다. 가는 길도 힘들지만 산을 오르려는 불자들의 마음이 더 아름답다.

노인일수록 더 보기 좋다. 그 길은 하늘길이다. 마음의 천국으로 가는 길. 그만큼 예전에는 깔딱고개를 넘는다는 것은 목숨을 거는 성스러운 순례길이다. 그러나 이제는 어린아이까지 웃으며 갈 수 있다. 힘들지만, 봉정암 깔딱 고개를 오르는 표정들이 모두 밝다.

2개의 봉우리를 넘으니 첩첩산중에 아침 햇살이 내린다. 풋풋하고 싱그러운 햇살을 보는 순간 얼마나 고마웠는지. 날마다 뜨는 게 해인데, 비 끝에 설악의 햇살이 왜 그리 고운가.

봉정암에서 오세암으로 들어오는 산행 인파와 만난다. 새벽녘에 출발했다는 이들은 힘들 테지만 얼굴마다 희색이 만연하다. 사람은 자신이 좋아하는 일을 할 때 엔돌핀이 솟는 것 아닐까.

바위 등산로는 50도의 경사로 퇴적층 산길 같아 꼭 한 사람 걸으면 좋은 길이다. 그래서 산행 중 양보의 미덕은 꼭 지켜야 할 덕목이다. 내리막길 걷는 사람들이 오르막길 걷는 이에게 양보 하면 더욱 좋다.

길을 걷다 이정표 표지판을 만나면 힘을 준다. 봉정암까지 0.8km.

아스팔트길도 걷기 싫어 자동차만 의존했던 게으름뱅이들에게 설악의 0.8km는 험난하다. 그때부터 우리 내외는 일행과 거리가 점점 멀어진다. 퇴적층처럼 생긴 산길, 넓적한 돌길을 지나니 바위를 통째로 옮겨다 놓은 곳이 보인다. 이곳은 길이 없어 누군가 걸었던 흔적도 없다. 그저 네발로 기어 올라가다 보면 숲길이 이어진다. 다행히 바위를 뚫고 버팀목을 설치해 놓아 위험은 조금 줄일 수 있으나 노약자나 산행에 자신이 없는 이는 힘든 길이다.

인적 끊긴 산행길 다람쥐가 친구다. 일행과 멀어졌으니 인적이 끊겼다. 우리 내외만 앞서거니 두서거니 몸에 알맞게 걷는다. 시간이 갈수록 경사도는 높다. 숨을 헉헉 대기도 하고, 숨이 깔딱 넘어갈 '깔딱고개' 네발로 기어오른다. "혹시 여기가 깔딱고개인가요?" 내려오는 행인의 난센스는 한마디로 개그였다. "숨이 깔딱하고 넘어갈 지경에 이르면 그곳이 깔딱 고개인 줄 아세요."

봉정암 길은 자신의 인생길. 그 바위에서 보는 풍경이 용아장성이었던가. 병풍을 두른 암벽이 드디어 그 실체를 드러냈다. 지금까지 걸어온 길. 그 암벽에 발을 딛는다. 봉정암 진신사리 탑으로 향했다. 생각해보니 내가 걸었던 길은 봉정암을 찾아가는 것이 아니라, 자신의 인생길을 걸었던 같다. 그 험난하다던 깔딱 고개도 '깔딱' 하고 숨넘어갈 정도는 아니었다.

쉬지 않고 아내와 나란히 걸어 아홉 시 사십 분에 봉정암 사리 탑 앞에 이르렀다. 공양물로 마른 표고버섯을 올려 같이 삼배하고 나니 몸과 마음이 한결 가볍다. 인솔자는 아내에게 늦게 걷는다고 걱정이다. 젊은 보살은 앞서거니 뒤서거니 경쟁하듯 다퉈 나갔다. 아내와 나는 거북이 기어가듯 느림보 걸음이다.

부처님의 가피를 많이 받는다는 도량에 왔으니 마음으로 밤샘 기도하기로 다짐했다. 저녁 9시 예불이 끝나자 아내는 무릎이 몹시 아프다며 초저녁 기도만 동참했다.

나는 새벽 1시 30분에 깼다. 대충 찬물로 세수하고 법당에 들어섰다. 스님과 젊은 보살 한 분이 기도하고 있었다. 108배를 올리고 석가모니불 정진하는 세 시간 동안 꾸준히 절했다. 이번이 마지막이라 생각하니 염불이 끝날 때까지 절해도 무릎이 아픈 줄 몰랐다. 대웅전에서 내려와 아내를 찾아 깨웠다. 일행 중 우리 내외가 제일 나이가 많다. 걸음이 늦어 예정 시각에 백담사에 도착 못해 저녁 비행기 탑승을 놓치면 안 된다. 새벽 4시 50분에 남들보다 먼저 출발하자고 다짐했다. 사흘 간 무려 29.6km를 걸었다. 아홉 시 사십 분에 백담사에 발을 디뎠다. 마음속으로 쾌재를 불렀다. 양쪽 무릎도 아프지만, 무릎 위 근육이 뻐근하다. 무엇보다 그간 비 내리지 않아 일행 40명이 무사히 제주공항에 도착하고 헤어졌다.

사람들은 저녁술을 많이 마시면 다음날 아침 해장국을 먹어야 속 풀린다고 한다. 무릎도 아프지만, 아침 새벽 세 시 몸 풀려고 애향운동장을 찾았다. 평상시 사십 분 걷던 길을 십분 더 걸어야 했다.

이제 다시 갈 수 없는 곳이 됐다. 마음은 있으나 몸이 따르지 않는다. 마음을 비워야 할 때다. 나는 다섯 번, 아내는 두 번이다.

어느 날 텔레비전에서 '봉정암 가는 길' 방영할 때 추억의 회상으로 남으리라. (2018)

작품평설

東甫 김길웅
(수필가 · 문학평론가)

『돌확의 추억』(문두홍의 제3수필집) 작품 평설

한 땀 한 땀 올곧게 떠간 자연인의 성실한 삶의 궤적

-수필집 『돌확의 추억』에 나타난 문두홍의 작품 세계

東甫 김길웅(수필가 · 문학평론가)

1

곧잘 인연이라 말한다. 인생길에서 서로 간 만나 연緣을 맺는 것이 인연이다.

불가에서 모든 사물은 인연에 의해 생멸한다고 한다. 일체 만물은 모두 상대적 의존관계에 의해 형성된다는 것이다. 이를 농사에 빗대면 종자 '인因'을 원인, 햇빛과 비와 비료와 노동력인 '연緣'은 조건이 된다. 아무리 인이 좋다 하더라도 연을 만나지 못하면 결과를 가져오지 못한다. 인도 좋고 연도 좋아야 좋은 결과를 얻는다. 인이 있어 연을 만나면 반드시 과果가 있다는 말인 인연과因緣果를 줄여 흔히 인연이라 하는 것이다.

인연에 의해 사물이 생기는 것을 '연기緣起'라 하는데, 사람과 사람 혹은 사람과 사물 사이에 어떤 관계를 맺는다 할 때, 이 세상에는 인연 아닌 게 없다고 할 수도 있다. 인연 가운데 특히 사랑으로 맺어진 천생연분이라 하는 부부의 인연은 우연이 아닌 필연이다.

나는 문두홍 수필가(이하 문두홍)를 떠올릴 때마다 인연이란 말을 생각한다. 둘 사이를 이어 준 인연은 소중한 것이고 또 인연의 끈은 질기고 단단하다.

그러니까 2006년 우당도서관과 참사랑문화의집 수필 창작교실 강의에서 만나 오늘에 이르기까지 어언 14년, 끊임없이 이어 오는 글쓰기로 맺어진 인연이다. 당초 일면식도 없었던 두 사람이 고희를 전후해 만난 것부터 인연이었다. 그 인연이 한 켜 더해, 3년 뒤 문두홍이 수필로 중앙문단에 데뷔한 뒤에 평자가 있었던 것 그리고 그 후로 글방 강의로 줄곧 만남이 이뤄진 것이 여사한 일인가. 모두 인연의 일이었다.

문득 피천득의 말이 떠오른다. "어리석은 사람은 인연을 만나도 몰라보고, 보통사람은 인연인 줄 알면서도 놓치고, 현명한 사람은 옷깃을 스쳐도 인연을 살려낸다." 이의 인용에는 이유가 있다. 내가 현명하다는 것이 아니라, 문학의 길에서 만난 문두홍과의 인연을 감사하게 헤아려 선연善緣이 되게 하려 함이다.

그새 『돌아보며 내다보며』, 『내려오는 길』 두 권의 수필집을 냈고, 이제 제3 수필집 『돌확의 추억』을 상재함에 작품평설을 쓰게 된 것이 전후해 다 인연의 일이라 여긴다.

원고 뭉치를 안고 시내에서 읍내까지 먼 길 달려온 작가와 차 한 잔하며 담소하는 중에 앞으로 수필집을 두 권 더해 다섯 권을 채우겠다고 속정을 털어 놓는다. 차담이 흥을 돋웠던지 무심결 다섯 권을 낸 뒤 '문두홍 수필선'을 상재해야 일단락 짓는 것이 된다고 넌지시 귀띔했다. 순간 주름 하나 패지 않은 홍안의 노수필가가 "그런가요?"라며 찬연히 웃고 있다. 기어이 해낼 것이다.

누가 이분더러 산수에 한 해를 더 얹은 연치라 할 것인가. 웃음이 해맑다. 티 한 점 없는 아이 같은 천진무구한 웃음이었다. 쏜 살 같다는 세월도 노작가만은 비켜가는 모양이다.

버스 정류장으로 저벅저벅 걸어가는 그를 집 앞에서 배웅하며 고샅을 꺾어 내릴 때까지 한참 서 있었다. 뒷모습에서 한평생 기울도록 우직하고 성실하게 살아온 한 선비의 표상을 바라보는 것 같았다.

눈을 거뒀더니 조금 전 그의 웃음이 곧바로 내게 메시지로 다가왔다. 54편 원고를 일별하고 나서 작품 평설 제목에 한참 고심하다 언뜻 문두홍의 해맑은 미소를 떠올린 것이 아닌가. 책을 더 내겠다며 밝게 웃던 표정에 감응하면서, 나는 그 웃음의 행간으로 번지던 그의 삶의 내면을 훔쳐보았다. 어둠 속에 숨어 있던 내밀한 노작가의 한 세계를 응시의 시선이 읽어 낸 것이다. 발견이었다.

'한 땀 한 땀 올곧게 떠간 자연인의 성실한 삶의 궤적'.

핵심어들을 들추다 무릎을 쳤다. '한 땀 한 땀'은 그가 한 생을 통해 내면에 축적해 놓은 내공이고, '올곧게'는 그의 천성으로 타고난 결 고운 심성이고, '자연인'은 세상사람들에 섞이되 결코 통속에 기울지 않는 고결한 그의 덕이고, '성실한 삶'은 한 치 비뚤어짐도 없는 그의 경륜과 철학이다.

문두홍의 『돌확의 추억』 속의 작품들에 접근하면서 이런 관법에 시선을 고정시키려 한다.

2

나이 들면 겸손하고 포용력을 가져야 어른처럼 보인다. 요즘 주변을 보면 나이 들수록 속이 좁고, 말을 많으나 행동은 굼뜬 사람을 본다. 자기 의견만 고집하고, 별것 아닌 것에 오해하거나 불평하는 사람들을 본다.

인생은 영혼의 성숙 과정이다. 사자는 태어나 여섯 달이면 제 노릇을 하지만 사람은 오 년이 지나도 어린애다. 이순이 지나야 인생이란 어떤 것인가 깨닫게 된다고 한다. 그만큼 사람 되기가 힘들다는 뜻이다. 그래서 인간은 동물과 달리 영혼을 지니고 있다. 나이 들수록 숙성된 포도주처럼 향기를 풍겨야 존경 받는 어른이 될 수 있다.

-〈겉 나이와 속 나이〉 부분

나이를 헛먹었다 혹은 인생을 헛살았다고 한다. 행동거지가 나이의 무게를 제대로 짐 지지 못한다는 말이다. 몸은 컸는데 정신 연령이 그만큼 따라 주지 못하는 경우를 흔히 보게 된다. 사람 구실을 하면서 사람답게 사람으로 사는 것, 사람으로서 제 도리를 다하면서 산다는 것이 어디 쉬운 노릇인가.

문두홍은 '나이 들면 포용력을 가져야 어른처럼 보인다.'고 했다.

포용력은 사람을 긍정적이게 하거니와, 사랑으로 베풀려는 사람은 겉 나이를 젊게 할 것이다. 화자는 겉 나이와 속 나이를 비슷하게 살려고 노력해야 한다고 말한다. 이또 '인생은 영혼의 성숙 과정'이라 한 것은 노작가의 도저한 사유의 세계를 들여다보게 하는 언술言述이다. 실제로 겉과 속의 나이가 같거나 비슷한 사람은 건전한 사고를 가진 자이다. 그런 사람은 행복하다. 아무나 이를 수 없는 것, 나잇값을 하려고 애쓰는 사람에게 주어지는 경지다. 깊이 음미할 만한 글이다. 좋은 내용이 수필의 문학적 가치와 품격을 세운다.

> 아내가 내가 먹을 밑반찬을 만들어 놓고 다음 날 아침 비행기로 떠났다. 아내가 들려 준 대로 전기밥통에서 밤을 지우니 먹을 만하다. 아내는 혹여 내가 먼저 세상을 떠난다면 음식 만들기를 배워야 좋지 않겠느냐고 말한다. 내가 당신보다 앞서갈 것이니 걱정하지 말라고 너스레 떤다.
>
> 아내 얼굴을 마주한 지 열흘 지났다. 요즘 밤늦게 돌아올 때 현관문을 열자 방안이 컴컴하고 휑하다. 만약 혼자 지낸다면 어떻게 대처할까. 온갖 상념에 마음이 흔들린다. 아내는 건강한 편이다. 별로 아프다거나 불편을 느끼지 않는 표정이다. 어릴 때 자라면서 잔병치레가 많았다고 이따금 얘기한다.
>
> -〈아내의 빈자리〉 부분

인천에 사는 딸이 팔을 다쳐 다섯 살 손녀를 돌봐달라는 전화를 받고 아내가 화급히 딸에게로 가는 바람에 혼자가 됐다. 텅 빈 집이 돼 버렸다. 짧지 않은 열흘 동안 고적감에 아내의 빈자리를 실감하고 있다. 삼시세끼 치다꺼리를 몸소 하면서 아내와 함께 해 온 지난날의 회상에 잠긴다.

특히 고생하며 아이들을 키우던 일을 돌이킨다. 새벽에 일어나 고등학생 둘과 중학생 하나에게 도시락을 챙겨 주던 아내다. 거기다 내외 몫을 얹어 도시락 다섯. 아이들을 등교시키고 나면 곧장 농장으로 달려가 감귤 묘목을 정성껏 키워 올해 마흔 두 해로 늙은 나무가 됐다. 비켜갈 수 없는 세월의 능선을 타 오르내리며 삶의 뒤안을 넘나들다 보니 무척 가슴 시렸을 테다.

화자 내외는 참 금슬이 좋다. 한번은 수필 속에 '내자' 라 호칭했기에 그냥 '아내'라 함이 좋지 않을까 하고 내 의견을 말한 적이 있었다. 내자는 '內子' 혹은 '室人'으로 문어체라 구어체 쪽을 권했던 것인데, 그러고 나자 마음 한구석이 허했다. 문두흥은 남에게 내자라 하고 싶었을 것을 나중에야 어슴푸레 알아차렸던 것. 그렇게 아내를 공대하고 싶었던 의중이 담겨 있었던 게 아닐까. 귀감이 되는 일이다.

> 오월의 신록이 주는 싱싱한 생동감이 마냥 달콤하다. 아까시나무 향기 머금은 바람결이 코끝에 스치는 이른 아침 햇살, 인간은 영겁의 세월 속에 태어나고 죽는 윤회의 굴레를 벗어나지 못한다. 청명한 하늘 아래 좁혀드는 시양, 산속에도 초

여름이 상큼하게 다가온다. 철새 떠난 하늘 알래 공간이 허하다 싶더니 어느새 신록의 기운이 물 흐르듯 한다. 부드러운 초하의 냄새가 여울목에 진동하고 장단 맞추는 새소리도 한결 정겹다. 주마등처럼 스치고 지나간 소중한 순간들. 지혜의 눈으로 닦아내는 모습이 아름답다.

-〈5월의 향연〉 부분

첫 문장, '5월의 바람은 싱그럽다.'부터 5월의 풋풋한 속내를 농속의 옷을 꺼내 볕 쬐듯 끄집어내면서 글이 생동감에 넘친다. 나무의 향기, 바람결, 초여름 신록의 기운, 여울목 새소리로 채워지면서 문장 속으로 5월이 넘실대며 출렁인다. 문두흥은 계절 앞에 나서서 윤회 속 시간의 흐름을 자신의 사유 속으로 퍼 올리고 있다.

한편 사회가 각박해지는 것은 사람들이 자연의 언어를 듣지 못해서라 한다. 물소리, 숲의 소리를 언어로 듣지 못하면 물과 숲의 세상을 모른다 한다. 인면수심이 그냥 나온 게 아니다. '우리의 눈을, 머리를, 가슴을 씻는다면 번뇌의 고통이 사라진다.' 화자의 간절한 육성이 마음을 숙연케 한다. 문두흥의 수필은 이제 자신의 심안으로 세상을 바라보며 안타까워하는가 하면 때로는 달라지고 개선해야 할 세상의 내일을 꿈꾸듯 풀어낸다.

다섯 살 무렵 아버지는 나를 일본에 데려가 키우겠다는 걸 할머니는 완강히 반대했다. 일본에 가면 안 된다며 내가 키우겠으니 걱정 말라던 얘길 들었다. 할머니 밑에서 자랐다. 대여섯 살 무렵 집안의 장손이라며 동네방네 자랑했고 무척 귀여워해 주셨던 기억이 또렷하다.(중략)

할머니 가는 곳마다 실과 바늘처럼 따라 다녔다. 새벽녘이나 비 오는 날이면 나를 등에 업고 젖동냥을 다녔으니 할머지 심정이 오죽 괴로웠을까. 응석을 많이 부렸다. 열 살 때 4 · 3사건이 일어났다. 그때까지 할머니와 살았다.

-〈낳은 정 기른 정〉 부분

문두홍에게 겉으로 들어 내놓지 못하는 가족사가 있을 것이다. '나는 어머니 두 분과 할머니 덕분에 무탈하게 자랐다. 낳아 준 어머니와 길러 준 어머니, 어렸을 때 심한 갈등을 겪지 않았다.'까지 서술해 놓고 더 나아가지 않고 있다. 낳아 준 어머니와 길러 준 어머니가 있었음에도 등에 업고 이 집 저 집 찾아가 젖동냥하며 자신을 키워 준 할머니다. 간략한 서술에 그쳤지만 '두 어머니와 할머니'로 정리된 구도 속엔 이런저런 사연들이 부침할 것인데, 그걸 독자의 몫으로 맡겨 놓았을 것이 아닌가.

'사람마다 느낌은 제각각…, 내겐 어쩐지 낳은 정보다 기른 정에 무게가 실린다.'할머니에게 가 있는 정을 결말 문장이 함축하고 있다. 누구든 낳은 정 기른 정에서 택일하라면 망설이겠지만, 저울추를 달라면 기른 정 쪽일 테다. 둘 중 하나에 방점을 찍는 것은 냉정한 일이기도 하거니와, 사실 양자택일은 모순이다.

모든 움직임의 시작은 발이다. 그러기에 발은 인간이 이동하는 데 기본적인 이동 수단의 기초요, 아무리 먼 거리를 걸어도 불평하지 않는다.

얼마 전 새 구두를 샀다. 발이 아플 정도로 맞지 않았다. 다른 구두로 바꿀까 하다가 불편해도 감수하며 신고 다녔다. 구두에 대한 믿음이 숨어 있었기 때문이다. 구두도 신뢰를 저버리지 않았는지 발 모양에 맞게 스스로 늘려 줬다. 물론 발도 구두의 형태에 적응하는 노력을 기꺼이 따랐다. 지금은 처음부터 잘 맞은 구두처럼 별로 불편하지 않아 편하다.

그전에도 발에 맞지 않은 구두를 몇 번 신은 적이 있다. 그럴 때마다 발은 발대로, 구두는 구두대로 결국은 내게 맞춰 주었다.

-〈구두와 발〉 부분

십 년 넘게 글쓰기에 매진해 온 문두흥은 장편 수필 또한 일반 수필에 조금도 손색이 없을 만큼 자신의 장르로 체화했다. 글은 쉽지 않은 것이라 기울인 내공만큼 빛을 발하는 법이다.

의인법으로 무정물인 구두를 유정물화해 흡사 대상물인 구두에게 말을 걸고 있는 것 같다. 신기 불편해도 나중에 편해지는 게 구두다. 그걸 사람 사는 이치에 빗댄 것은 문두흥다운 수사이고 그다운 발상이다. 문두흥은 구두에서 말하려 한 메시지를 이 지점에 묶어 두지 않았다. '친구나 연인이나 처음 만나면 서로 서먹서먹하다.

처음부터 잘 맞기는 어렵다. 더구나 부부는 평생을 같이할 동반자다. 서로 양보와 배려로 이해하다 보면 궁합이 잘 맞는 인연으로 이어지고 있음을 발견한다.'며 수필의 적용 범위는 물론 외연까지 한껏 확장해 놓았다.

압축과 요약 그리고 암시의 묘를 살리는 데 성공하고 있다. 짧게 썼지만 긴 글 못지않은, 외면하지 못할 어떤 힘이 느껴진다. 잘 쓴 수필이다. '어두운 터널 속에서 자존심 상하면서도 견뎌준 발이 고맙다.' 결말은 이 수필의 품격을 더욱 극대화하는 데 기여했다.

> 이제 그들의 이름을 내려놓아야겠다. 이미 세상을 등졌고 나도 언젠가는 뒤를 따를 것이다. 거역할 수 없는 순리다. 올 때는 차례가 있으나 갈 때는 순서 없이 혼자 떠나는 길.(중략)
>
> 누구도 막을 수 없는 숙명의 길이다. 이제 스마트폰에 올리는 이름은 없을 것이다. 하나씩 지워갈 때마다 지난날 추억이 켜켜이 쌓여 갈 것이다. 어차피 말없이 떠난 분들께 고사(?)도 못 지내 죄송하다. 명복을 빈다. 해마다 불러도 대답 없는 이름들이 늘어만 갈 텐데….
>
> 어디로 가야 하나! 구름 같은 내 인생.
>
> -〈불러도 대답 없는 이름〉 부분

동창 친목회에 참석하라고 연락해도 대답 없는 이름이 열한 명이라 했다. 스마트폰에 저장된 이름 중 세상을 등진 사람 절반이 자신보다 연령이 낮아 그들과 대화를 주고받던 일이 떠오를 때면 가슴이 뭉클하다고 말한다. 저 세상으로 떠나 유명을 달리한 얼굴들이다. 스마트폰에 다시는 이름을 올리는 일이 없을 것이라 애써 단언하고 있다.

이 대목에서 인생무상을 절감한다. 어느덧 여든을 넘긴 노작가의 의식 속에는 정서적으로 일정량의 비중으로 짙게 그림자를 던지고 있을 황혼의식이 수필 속에 고개를 쳐들고 있는 것으로 보인다. 인생의 덧없음을 털어내지 못한 나머지 '산산이 부서진 이름이여' 하며 소월의 〈초혼〉을 읊조리고 있다. 필경 '누구도 막을 수 없는 숙명의 길'이다. 하지만 수용하는 수밖에 없다. 그게 순리다. 그럼으로써 수습되는 감정이기 때문이다. 문두흥에게는 그럴 만한 철학이 있다.

중학교 다닐 무렵 어머니는 큰맘 먹고 석공에게 부탁해 제주 산방산 돌로 묵중하게 돌확을 만들었습니다. 길가에서 마당까지 힘센 장정이 지게로 운반했습니다. 부엌 가까운 공간에 터를 잡았지요.

밤비가 내린 아침, 빗물 고인 돌확엔 하늘빛이 물든 하얀 뭉게구름이 자리를 틀어 몸을 적십니다. 하루의 일과를 마친 해님은 내일을 기약하며 보름달보다 큰 모습으로 바다 깊숙이 사라집니다.

돌확의 멋은 거칠고 진솔함에 있습니다. 손에 쥔 몽돌로 날날이 찧고 빻는 더딘 과정을 거쳐야 제 맛이 납니다. 기계가 모방할 수 없는 투박한 맛, 알싸하면서 시원한 열무김치 맛은 홍고추를 돌확에서 빻으면 고소한 향이 한층 더 진하게 퍼져 나옵니다. 정교함은 떨어질지 모르나 성글고 거칠어 재료 고유의 맛과 향이 남아 있습니다.

-〈돌확의 추억〉 부분

문두홍은 어머니 살아생전 산방산 돌로 만든 돌확을 소중하게 간직하고 있다. 어머니가 남긴 유물이다. 덩치가 워낙 큰 것이라 산에서 옮기는 것 말고도 어느 석공이 파고 깎고 쪼고 다듬느라 공력을 많이 들였음은 말할 것이 없다. 콩, 깨 고추 등을 넣어 찧고 빻는 데 몽돌로 내리찧기를 수없이 반복해야 하는 힘듦과 번거로움이 여사하지 않으나, 그래야 제 향과 맛깔이 난다는 것이다.

요즘 믹서 같은 좋은 문명의 이기들이 있어 편리하지만 본래의 향과 맛깔을 낼 수 없다며 노작가는 돌확을 애지중지 한다. 도구로서의 고풍스러움과 효능뿐 아니라 그것에 남아 어른거리는 어머니의 모습과 당신의 체온을 느끼고 있을지도 모른다. 추억이 남아 있으니 애정 어린 눈길로 어루만질 것이 아닌가.

'늦가을, 들깨죽을 끓일 때 돌확의 긴 침묵이 깨어난다.'고 말한다. 바로 이것이다. 문두홍은 그때마다 깨어나는 옛 추억이 오늘에 그리운 것이다. 서정적인 수필로 경어체로써 독자에게 보다 친밀하게 다가가 깊은 공감을 불러일으킨다. 독자와의 공감대를 형성하고 있어 표제작으로 손색이 없다.

한낱 거소에 지나지 않는다. 일터에서 돌아와 얘기 나누거나 피로를 풀고 숙식이나 해결하는 장소나 다름없다. 애 낳을 때 산부인과, 몸조리는 산후조리원이다. 백일이나 돌잔치 결혼식은 식당이니 호텔을 찾는다. 노쇠해 거동이 불편항거나 병들면 요양원이다. 눈감으면 장례식장 냉동실이다.

간편한 것만 찾는 세상, 젊은 세대는 제 둥지 갖기를 멀리하는 추세다. 관리하기 복잡하고 귀찮다는 것. 전세금으로 지낸다. 재산세 낼 필요 없이 살다 싫증 느낄 때 옮기면 그만이다. 날이 갈수록 둥지의 개념이 사라지고 있어 안타깝다.

-〈둥지를 버린 새〉 부분

작은 바람에도 위태롭게 흔들리는 곳에 집을 지었던 직박구리가 품고 있던 알마저 포기하고 둥지를 비우는 것을 목도한 문두흥은 새에게 둥지를 떠난다며, 이주본능이 있음을 말한다. 이 발화는 의도적인 것으로 자연스럽게 노인의 정착문화와 젊은이의 이주문화 선호 추세로 치환된다. 흐름이 물 흐르듯 순조롭다.

문두흥은 텅 빈 새의 둥지에 시선을 던진 채 깊은 상념에 잠긴다. '선택은 자유다. 왜 떠났는지 풀리지 않은 의문이 꼬리를 문다. 주인 없는 둥지를 멍하니 바라본다.' 새의 둥지를 인간의 일, 세상사와 결부 짓고 있다. 수필은 종내 인간의 얘기에 귀착하는 인간학이다.

인간에게 집은 단지 몸을 뉘는 단순한 구조물이 아니다. 한 가족사가 엮이는 소중한 처소이고, 삶 속에 먹고 대화하고 노래하고 꿈꾸는 삶의 희로애락이 다양한 문양으로 아로새겨지는 공간이다. 젊은 세대들이 제 둥지를 멀리하는 추세를 우려하는 어른의 목소리가 처연하게 들린다.

> 태어남은 하나의 약속이다. 나무로 태어남은 한여름에 한껏 물오른 가지로 푸름을 뽐내라는 것이고, 꽃으로 태어남은 흐드러지게 활짝 피어 그 화려함으로 이 세상에 아름다움을 더하라 함이고, 짐승으로 태어남을 그 우직한 본능으로 생명의 규율을 지키라는 뜻이 아닌가. (중략) 그중에서도 인간으로 태어남을 가장 큰 약속이고 축복이다. 불가에선 모든 생명체 중에서 인간으로 태어날 가능성이야말로 넓은 들판 가득히 콩알을 널어놓고 하늘에서 바늘 한 개를 떨어뜨려 콩 한 알에 박히는 확률과 같다고 한다. (중략)
>
> 생각하고 이해하고 사랑할 기회의 약속이다. 미움 끝에 용서할 줄 알고, 비판 끝에 이해랄 줄 알며, 질시 끝에 사랑할 줄 아는 기적을 만드는 일이다. 살아가는 일은 이 약속을 지키는 것이다.
>
> -〈약속〉 부분

눈앞에서 문두홍 수필의 진면목을 대하는 느낌이 들게끔 치밀하고 섬세하다. '약속'이라는 하나의 개념을 구체화할 수 있는 우리말 명사와 형용사와 동사를 총동원한 것 같은 꽉 차 풍성한 느낌이다.

약속을 말하는 비유와 약속을 풀어내는 서술이 유효적절하게 배합하면서 철저히 조율되고 있다는 의미다.

말미에 제시한 소중한 약속들에 이르러 문두흥의 사고체계가, 씨와 날로 엮이면서 얼마나 조직적이고 어망같이 촘촘한가를 알 수 있게 하고 있지 않은가.

약속을 어기면, 우정에 금이 가고 부모 자식 간 존경이 사라지고 기업은 거래 중단에 이르고 만다. 지구를 배반하면 환경이 파괴된다. 담배를 끊어야지 운동해야지 일주일에 책 한 권 읽어야지 곧바로 퇴근해야지…. 약속을 저버리지 마라며 끝없이 밀려드는 성난 파도를 바라보다 일단 의식의 흐름을 잠재운다.

문득 니체의 말이 생각났을까. "사람은 행동을 약속할 수는 있으나, 감정까지 약속할 수는 없다." 전고典故의 인용이 이쯤이면 작가 마음에서 나온 울림이다. 문두흥 수필의 한 단면을 대하는 것 같다.

> 아내는 여태껏 생일날 쉬어 본 적이 별로 없었다. 음력 동짓달 초여드레에 태어났다. 귤 수확이 한창 겹칠 때라, 한참 지난 뒤 미안하다고 어물쩍 넘겼었다. (중략)
>
> 서울 사는 막내아들에게서 뜬금없이 전화가 왔다. 소소한 얘기는 문자로 소식을 주고받는 편이다. 느닷없이 한 달 뒤 어머니 생신날 아내와 딸과 함께 고향에 내려온단다.(중략)
>
> 금요일 아내 생일날 아침, 봄 날씨처럼 하늘은 푸르고 따스해 바다도 잔잔하다. 아들 내외가 "가파도에 가 봤으면 좋겠

는데 어떻습니까?” 한다. 아내와 나는 한 번도 못 가봤다. 마침 가보고 싶었는데 고맙다고 했다. 렌터카에 다섯 사람 앉으니 차 안이 꽉 차다.

-〈아내와 나들이〉 부분

서울서 막내아들 가족이 내려온 것은 제 어머니 생신을 축하해 드리기 위한 나들이다. 바쁘게 살면서 서울서 제주까지 내려온 것만도 보기 드문 효행이 아닐 수 없다. 연년이 귤 농사에 바쁘다는 구실로 내외가 가까운 곳에도 가본 적이 없이 뒷전이던 아내와의 나들이가 모처럼 이뤄진다.

가파도 여행은 관광객들이 많이 찾는 섬이라 그곳 풍광과 낯선 풍물이 시선을 끌었을 것인데, 그보다 아내에게 소홀해 온 작가로서 많은 것을 생각게 하는 기회가 됐을 것이 틀림없다.

유쾌한 하루를 보낸 뒤 하루가 짧다는 푸념을 하고 있다. 같이 다닐 수 있는 아내가 곁에 있어 행복한 하루였다고 토설한다. 청보리 축제가 열릴 때 아내와 더불어 가고 싶다고 했다. 문두홍은 바쁘게 살아온 삶에서 한 발짝 나아가 자신을 밖으로 열어놓을 것이다.

지난날 묘목을 키우며, 자란 나무를 옮겨 심을 때가 생각난다. 어째서 남보다 앞서려고 우매한 행동을 했는지, 지나고 나면 별일도 아닌 일에 안달했으니 분수를 모르고 덤벙대던 철없는 시절이 아니었나 싶다.

> 욕심이 지나치면 과욕으로 이어지고 외나무다리를 건너듯 위태롭다. 자신의 형편에 따라 기준을 잡는다면 과욕은 사라지고 불행을 멀리할 수 있을 것이다. 나이 들수록 탐욕을 버리고 스스로 만족할 줄 알면 언제나 즐겁다. 불행을 피하려면 과욕을 버려야 한다.
>
> 분수를 일탈하지 않는 것, 자연의 질서에 따라야 함을 알면서도 지키기란 녹록지 않다.
>
> -〈과욕〉 부분

감귤 과수원을 시작하며 힘들게 나무를 이식했다가 한동안 어려움을 겪은 것이 과욕이었음을 나중에야 깨닫는다. 큰 깨달음이었다. 욕심 없는 사람은 없다 하지만 분수를 저버리고 과욕했다가는 낭패를 산다. 그래서는 인생이란 긴 여정을 알맞은 속도로 완주하지 못하고 만다. 실패하는 것이다.

과욕은 상대의 마음을 상하게, 우울하게 할 수 있고 음식도 지나치면 탈이 난다. 만병의 원인이 되는 것도 과욕이라 한다. 심지어 운동도 무리하면 노화가 빨리 진행돼 쉬이 피로가 온다. 뭐든지 자기 몸에 맞추라 한다. 새벽 걷기운동을 생활화하고 있는 문두흥은 기본에 충실한다는 원칙을 지킬 뿐 과욕을 버린 지 오래다. 올곧게 살아온 그의 오랜 삶이 마침내 그를 생활의 달인이 되게 했을 것이다. 문장은 사람이다. 그의 수필이 작가를 닮아 주제 표현, 구성 전개 또한 올곧고 가지런할 수밖에 없다.

쉬지 않고 아내와 나란히 걸어 아홉 시 사십 분에 봉정암 사리탑 앞에 이르렀다. 공양물로 마른 표고버섯을 올려 같이 삼배하고 나니 몸과 마음이 한결 가볍다. (중략)

부처님 가피를 많이 받는다는 도량에 왔으니 마음으로 밤샘 기도하기로 다짐했다. 저녁 9시 예불이 끝나자 아내는 무릎이 몹시 아프다며 초저녁 기도만 동참했다.

나는 새벽 1시 30분에 깼다. 대충 찬물로 세수하고 법당에 들어섰다. 스님과 젊은 보살 한 분이 기도하고 있었다. 108배를 올리고 석가모니불 정진하는 세 시간 동안 꾸준히 절했다. 이번이 마지막이라 생각하니 염불이 끝날 때까지 절해도 무릎이 아픈 줄 몰랐다.

-〈마지막 길 봉정암〉 부분

내설악 준령계곡에 자리 잡은 봉정암은 진신사리탑이 서 있는 신라 천년 고찰古刹로 불교의 성지나 다름없다. 불자들만 가는 곳이 아니라 산을 좋아하는 많은 사람들이 수행 삼아 찾는 험한 여정이다. 말로 할 수 없는 험로를 거쳐야 하는데, 마지막 넘어야 하는 '깔딱고개'에서 또 한 번 사람을 뒤척이며 흔들어 휘청이게 한다. 지칠 대로 지친 몸이 흐느적거려야 하는 것이다.

첩첩 산중 가팔라 젊은이도 힘든 그 고난의 길을 노부부가 동행했다. 일행 가운데 내외분이 최고령이었다 한다. 부부가 평소 새벽마다 함께 인근 운동장을 걷고 있어 가능했을 것이다. 문두흥은 노년임에도 잘 걷는다. 그의 건각을 한 문학기행 현장에서 지켜본 적이 있다. 마지막 봉정암 길에 선 것이 아마 팔순을 목전에 두었을 때일 텐데 그 길을 걸었던 분이 신새벽에 일어나 예불에 참례하고 있어 놀랍다.

신심 독실한데다 노작가에게 강단이 있어 가능한 일이다. 그의 수필에 이런 결기가 녹아 있는 게 우연한 일이 아니다. 팔순이라 하나 아직도 몸 강건하니 근력이 튼튼함으로 치면 막 초로初老의 경계를 넘어선 젊음을 간직하고 있다. 그가 채곡채곡 쌓아 가는 수필의 성城이 견고하리라 믿는다.

3

수필가 문두홍은 종심의 가파른 고비에 문학에 입문하면서 문단에 데뷔해 11년, 그새 작품집을 세 권째 상재하고 있다. 여간한 뒷심이나 깜냥으로는 어림없는 일이다. 다른 것은 차치하고라도 우선 작품을 써야 가능한 일이다. 결코 쉬운 일이 아니다. 한마디로 노당익장 해 옷깃을 여미며 경의를 표하지 않을 수 없다.

한 원로 문인이 한 창작 주변 얘기가 생각난다.

"등단 초기에 시를 배우고 지을 때, 100편 이상을 쓰고 나서야 시가 보이더라."

어느 이름 있는 문학상을 탄 젊은 시인은 "인대가 늘어날 정도로 필사하며 공부했다. 아무리 짧게 잡아도 한 3년 이상을 배우고 나야만 시가 보이기 시작하더라."

한국의 시인 3~4만 명, 수필가는 이를 웃도는 게 오늘의 한국문단 현실이다. 세계 시인·수필가 수를 다 합쳐 놓은 수보다 훨씬 더 많은 나라가 한국이라는 통계가 있다. 압구정동에 성형외과가 밀집돼 있는 것을 모르는 사람이 없다. 한데 건물 하나 건너 들어선 그 의원들이 문을 닫지 않고 있으니 놀랍다. 저마다 연마한 의술이 있으니 살아남는 것일 테다.

지역 문단에도 수필가들이 많다. 수필을 쓰는 그 많은 작가 가운데 아무개라고 이름을 알리려면 간단없는 노력 없이 되지 않을 것이다. 문두흥은 늘그막에 들어선 문학의 길에서 젊음을 능가하는 에너지를 발산하는 작가다. 또 몸도 정신도 건강한 그다. 앞으로 양질의 보다 좋은 수필을 씀으로써 오래전에 이루리라 한 문학에의 그 열망을 성취하기 바란다.

문두흥은 글쓰기가 몸에 배어 있는 작가다. 낮에는 과수원에 가 감귤 과수원에 매달리고, 밤이면 흙 묻은 손을 씻자마자 책상머리에 앉아 수필 쓰기에 매진한다. 한 달 두 번 글방강의에 발표할 작품을 빠뜨린 적이 단 한 번도 없다. 부득이한 사정으로 불참할 경우에도 작품을 보낸다. 수년 간 '수필 제출'이란 제목으로 시종여일 흔들리는 법이 없다. 그렇게 꾸준히 글을 썼기에 작품집을 세 권씩이나 낼 수 있었던 것인데, 이 부분은 매우 중요하다. 제아무리 천부적 재능을 타고났다 해도 나태에 빠지면 허우적거려 진전이 없는 게 문학이다. 글은 손끝으로 쓰는 것이 아니다. 창작인 만큼 고통과 고뇌를 수반하는 정신적 노작이다. 가장 배격해야 할 것이 자기도취와 매너리즘으로부터 탈피하는 일이다. 자기가 쓴 작품 앞에 겸손할 줄 알아야 하고, 이만하면 됐다는 자기만족에서 벗어나올 수 있어야 한다.

평자가 알기로 문두흥처럼 작품에 자신을 낮추고 허물을 벗기 위해 부단히 각고면려刻苦勉勵하는 작가도 드물 것이다. 작품의 완성도를 높이기 위해 소재를 찾고 주제를 설정하고 다양한 화소話素 끌어들이는 일에 몰두하는 그의 창작열은 가위 경탄하리만치 치열하다.

그가 지금처럼 수필을 향해 불꽃처럼 타오른다면 제4, 제5 수필집 상재라는 소망스러운 산출이 가능할 것은 부문가지의 일이라 확신한다. 마음 다잡아 더욱 정진하기를 기대하고 싶다

제1 수필집 『돌아보며 내다보며』와 제2 수필집 『내려오는 길』에서 제3 수필집 『돌확의 추억』에 이르는 과정에 나타난 문두흥 수필의 변화를 눈여겨보게 된다. 먼저 눈에 띄는 것이 문장이 상당히 세련됐다는 것, 다음으로 어휘가 풍성해졌다는 것을 빼놓지 못하나 그런 가시적 변화 이상으로 가장 현저한 것을 놓쳐선 안된다. 무엇보다 그의 유현한 사유에서 발효된 새로운 철학적 변경邊境의 확보다. 그의 수필이 인생에 대한 탐구적 창작을 지향하면서 그만큼 중후해졌다는 것이다.

이번 『돌확의 추억』이 문두흥 수필이 새 지평을 열어 가는 변곡점이 되기를 간곡히 바란다.

돌확의 추억

문두홍 제3수필집

초판인쇄 2020년 3월 25일
초판발행 2020년 4월 6일

지 은 이 문두홍
펴 낸 이 노용제
펴 낸 곳 정은출판

주 소 서울특별시 중구 창경궁로 1길 29 (3F)
전 화 02-2272-9280
팩 스 02-2277-1350
이메일 rossjw@hanmail.net

ISBN 978-89-5824-406-6 (03810)
값 12,000원